Gerhard Kortum

Entwicklungsprobleme und -projekte im bäuerlich-nomadischen Lebensraum Südpersiens

Vier Fallstudien aus der Provinz Fars

1. Einleitung: Fallstudien als Forschungsmethode und Arbeitsmittel

Das vorliegende Heft enthält nach einer kurzen, das ganze Land und die Provinz Fars berücksichtigenden Einleitung vier teilweise soziologisch und agrarwirtschaftlich unterbaute Fallstudien aus Südpersien, die unter besonderer Berücksichtigung der regionalen natürlichen, historischen und wirtschaftlichen Gegebenheiten des Raumes unter der mehr synthetisch alle wirksamen Faktoren integrierenden Sicht der Geographie als Material im gemeinschaftskundlichen bzw. gesellschaftswissenschaftlichen Aufgabenfeld der Sekundarstufe II oder bei Einführungsübungen an der Universität bei der Behandlung der Entwicklungsprobleme in Ländern der Dritten Welt eingesetzt werden können.

Andere Fallstudien ähnlichen Charakters aus anderen Kulturräumen liegen in derselben Reihe vor und können als Vergleichsmaterial zum islamischen Orient behandelt werden, der hier exemplarisch mit gezielten Einzelbeispielen an einem Ausschnitt der gebirgigen Südprovinz Fars vorgestellt wird, den der Verfasser durch jahrelangen Aufenthalt und wissenschaftliche Bearbeitung recht gut kennt, und über den auch eine größere Zahl empirischer Untersuchungen aus Nachbardisziplinen der Geographie vorliegen. Diese hier teilweise verarbeiteten Studien sind im Literaturverzeichnis aufgeführt und können zur weiteren Vertiefung im Rahmen von Referaten oder schriftlichen Hausarbeiten über das Fernleihverfahren auch über Stadtbüchereien angefordert werden. Zudem wird auf das Fragenkreisheft 23512 verwiesen, das auf die Voraussetzungen und Entwicklungsmöglichkeiten der Landwirtschaft in Iran, insbesondere auch die Bodenreform, im landesweiten Überblick näher eingeht (mit detaillierter Karte „Agrarpotential Irans und landwirtschaftliche Entwicklungspole um Staudämme und Zuckerfabriken").

Die Fallstudien des Dorfes Zangiabad, des Mustergutes Aliabad, der LAG Aryamehr und des Nomadenstammes Qashqai mit dem Nomadenansiedlungsprojekt Qassemabad, die im folgenden behandelt werden, liegen alle in einem derartigen Entwicklungspol, der neuerdings auch vielseitige Industrialisierungsansätze zeigt, mithin in einem wachstums- und wandlungsorientierten Gunstraum, der sich mit massiver Regierungshilfe auch weiterhin schnell entwickeln dürfte. Insofern sind die Fallstudien dieses Heftes einmal nicht für das ganze Land zu verallgemeinern und stellen zum anderen nur Momentaufnahmen in einem Prozeß dar, der zumindest einige Gebiete des alten Kulturlandes Iran auch aufgrund der hohen Erdöleinkünfte immer stärker umstrukturiert.

In der Provinz Fars verzahnen sich in typischer Weise die für den Orient immer wieder herausgestellten drei Lebensformgruppen des Bauern- und Nomadentums sowie der Städte, ohne daß es allerdings bei der diese drei großen, in sich selbst stark differenzierten Sozialgruppen regional unterschiedlich erfassenden Modernisierung zu Sonderentwicklungen durch den Erdölsektor kommt, die hauptsächlich für die von Ehlers 1975 bearbeitete Provinz Khuzistan gegeben sind.

In Ländern mit begrenzten statistischen und forschungsmethodischen Möglichkeiten sind ausgewählte Fallstudien konkreter Siedlungen oder Projekte sowie repräsentative Teilerhebungen noch teilweise der einzige Weg, spezielle Probleme oder Entwicklungstendenzen in aller Klarheit auch quantitativ zu erfassen. Zugunsten gesicherter empirischer Daten wird im folgenden in den Einzelstudien auf die unmittelbare Tagesaktualität verzichtet, da die Projekte zwar 1977 nochmals in Augenschein genommen werden konnten aber seit 1968—72 nicht näher bearbeitet wurden.

In der Unterrichtsarbeit haben sich neuerdings monographische Fallstudien bei aller erforderlichen räumlichen Einordnung immer mehr bewährt. Die vier Studien dieses Heftes bleiben zwar austauschbar in der Reihenfolge, stehen aber abgesehen von der notwendigerweise räumlich und zeitlich weiter ausholenden Behandlung des Nomadenstamms in einem zeitlichen Zusammenhang. Jedenfalls schlagen sich alle Formkräfte des ländlichen Raumes auf die eng beieinanderliegenden Fallstudien des Untersuchungsraums nieder, dieses ist sicher methodisch einer weiteren Streuung im Interesse der Vergleichbarkeit und Inbeziehungssetzung vorzuziehen.

Die agrarwirtschaftlichen und -soziologischen Entwicklungsprobleme werden im folgenden in Projektstudien erfaßt, die schon andeuten, daß wesentliche Entwicklungsimpulse auch in diesem Sektor überwiegend von außen zu erwarten sind. — Es gehört zum Wesen detaillierter Fallstudien, daß sie immer nur in einigen Aspekten typisch oder repräsentativ sein können. Verallgemeinerungen oder Transfer der an den Einzelbeispielen gewonnenen Erkenntnisse und Einsichten auf das ganze Land, den Orient oder Länder anderer Kulturkreise sollten dieser Tatsache Rechnung tragen.

Die vier Fallstudien dieses Heftes deuten jeweils unterschiedliche Aspekte der Agrarentwicklung in einem begrenzten Untersuchungsraum an. Sie fügen sich deshalb zu einer agrargeographischen Regionalstudie zusammen.

Die nachhaltig durch das Erdöl als wesentlichen Motor der iranischen Wirtschaftsentwicklung geförderte zunehmende Urbanisierung und Industrialisierung des Landes beeinflussen zwar immer stärker auch die ländlichen Gebiete, sollen aber hier im Hinblick auf ein spezielles Heft der Fragenkreisreihe, das mit diesem Thema das „Lehrpaket Iran" abrundet, ausgeklammert werden. Iran ist zwar nach dem Zensus von 1976 mit nur noch 52% ländlicher und nomadischer Bevölkerung (von 33,6 Mill.) kaum noch als Agrarland reinen Typs anzusehen, aber die hier angesprochenen landwirtschaftlichen Probleme werden die weitere Entwicklung dieses auch politisch immer wichtiger werdenden Landes noch lange belasten.

2. Einführung in den Untersuchungsraum

2.1 Iran 1977: Einige Grunddaten zur sozioökonomischen Entwicklung

Kartenhinweis:

Atlaskarten: Alter Diercke 86/7, Neuer Diercke 116, List Großer Weltatlas 81, Alexander 53/4

Iran: Gute Übersichtskarte: 1 : 2,5 Mill. World Travel Map, Blatt Iran, Bartholomew

Fars: Detailliertere Darstellung nur in modernen Autokarten des Nahen Ostens. — Empfohlen wird das Kartenblatt „Bushire" der Internationalen Weltkarte 1 : 1 Mill. (Serie 1301 — Blatt NH-39, Edition 6-GSGS), preisgünstig zu bestellen über GeoCenter, 7000 Stuttgart 80, Postfach 800830.

Größe: 1 645 000 km² (= ca. EG-Länder)

Landnutzung: (1971) Unkultivierbares Ödland und Wüsten 52,13%; natürliche, aride Weiden (teilweise kultivierbar) 18,18%; Feucht- und Trockenwälder 11,42%; Weiden und Wiesen 5,97%; Landwirtschaftliche Nutzfläche insgesamt 12,30% (Brache 7,03%; Regenfeldbau 3,15%; Bewässerungsland 2,12%)

Agrarproduktion iranisches Jahr 1355 (= 1975/76) in Tausend t: Weizen 5000; Gerste 1400; Reis 1430; Mais 65; Baumwolle 470; Zuckerrüben 4670; Zuckerrohr 1100; Tee 80; Ölsaaten 85; Tabak 15; Hülsenfrüchte 225; Kartoffeln 506; Zwiebeln 297; Pistazien 26

Bevölkerung: Wachstum der Bevölkerung (in Mill.) 1906—7,5; 1921—8,0; 1941—15,0; 1956—19,0; 1966—25,8; 1976—34,0. Verstädterung 1966—76: Stadtbevölkerung 1966—9,8 Mill.; 1976—15,7 Mill. (= +5,9 Mill.); Landbevölkerung 1966—16,0 Mill.; 1976—17,9 Mill. (= +1,9 Mill.). — Städte mit über 200000 Einwohnern 1976 (mit jährlichem Wachstum in %): Groß-Teheran: 4496159 (4,2); Esfahan 671825 (4,7); Mashhad 670180 (5,1); Tabriz 598576 (3,9); Shiraz 416408 (4,4); Ahwaz 329006 (4,8); Abadan 296081 (0,8) Kermanshah 290861 (4,5); Qum 246831 (6,3).

Wirtschaftsindikatoren für das Jahr 1976/77: Prokopfeinkommen ca. 2000 US-Dollar; Wachstum des Bruttosozialproduktes zu konstanten Preisen 23%; Zuwachsraten nach Sektoren — Industrie und Bergbau 17%, Öl 9%, Landwirtschaft 5%, Stromerzeugung 12%, Bau 40%. Inflationsrate 20%

Öleinkünfte (in Mill. US-Dollar): 1955—90,2; 1960—285,0; 1965—514,1; 1970—1109,3; 1973—4399,2; 1974—21443,4

Anteil am Bruttosozialprodukt nach Wirtschaftssektoren 1967/68—1977/78 in %: Landwirtschaft 24,5—8,0; Öl: 13,8—48,7; Industrie und Bergbau: 21,3—17,1; Dienstleistungen: 40,5—27,2.

Investitionen im fünften Entwicklungsplan (1973 bis 1978) in % (von 69607,3 Mill. US-Dollar): Landwirtschaft und Wasserwirtschaft 10,12; Transport und Verkehr 12,43; Industrie und Bergbau 18,01; Soziale Leistungen 4,90; Energie 23,44; Berufsförderung 2,80; Wohnungsbau 19,68; andere Ausgaben 8,62.

2.2 Die Provinz Fars — Bauern, Nomaden und Städter als Träger sozialer Raumbildungen im islamischen Orient

Die südiranische Provinz Fars umfaßt die Gebirgszüge und breiten, teilweise abflußlosen Tallandschaften des südöstlichen Zagrosgebirges mit Höhen zwischen 300 bis 3 500 m und ist mit 146 700 km² (9% der Landesfläche) eine der historischen Kernlandschaften Irans, in der zumindest seit dem Mittelalter starke Nomadenverbände unterschiedlichen ethnischen Hintergrundes immer wieder im Gegensatz zu den von ihnen durchquerten dichtbesiedelten, fruchtbaren und teilweise kunstvoll bewässerten Gebirgstälern standen (Atlas).

Reiche vorhistorische Funde weisen Fars als eine der ältesten Siedlungslandschaften des Orients überhaupt aus. In den Epochen der Achämeniden (550—330 v. Chr.), der Sassaniden (224 bis 651 n. Chr.) und der Zand-Dynastie (1750 bis 1795) war Fars auch politisches Zentrum des Reiches, sank aber immer wieder auf den Status einer peripheren Provinz mit allerdings bedeutender Agrarproduktion und großen quasiautonomen Stammesgebieten zurück, die von der erst kurz nach der islamischen Eroberung Irans im 7 Jh. nach Chr. gegründeten Stadt Shiraz als Provinzhauptort verwaltet wurde. Die ehemals ummauerte Altstadt von Shiraz ist mit Bazar, Moscheen und enggebauten, von engen Sackgassen durchzogenen Wohnquartieren aus Lehm im Baubild und nach ihrer soziologischen Struktur noch weitgehend traditional bestimmt. Als Oberzentrum für die Provinz nimmt Shiraz 1976 mit rund 416 000 Einwohnern als schon sehr moderne und verwestlichte Großstadt an der schnellen Urbanisierung und Modernisierung des Landes teil. Shiraz ist heute immer mehr Wanderungsziel, Verwaltungsmittelpunkt, Einkaufs- und Garnisonsstadt, Handels- und Verkehrszentrum und mit einer amerikanisch ausgerichteten Universität und rund 360 Schulen Ausbildungsstätte für das teilweise lückenhafte Netz untergeordneter kleinerer Landstädte sowie das ländliche und nomadische Umland innerhalb der Provinzgrenze.

Damit wandelt sich gegenwärtig Shiraz seiner Funktion nach vom rentenkapitalistischen Organisationszentrum, in dem die Großgrundbesitzer der Provinz und auch die Khans der Nomadenstämme in aufwendigen Stadthäusern wohnten und die lokale politische Elite stellten, mehr und mehr wie die anderen städtischen Zentren, besonders Teheran, zum Träger einer sich beschleunigenden Entwicklung im wirtschaftlichen und sozialen Bereich, der besonders entlang der wenigen ausgebauten Hauptstraßen in das weitere ländliche und noch teilweise nomadisch geprägte Umland ausstrahlt.

Seit Jahrhunderten hatte sich zwischen den drei auch räumlich mehr oder weniger klar geschiedenen Bevölkerungs- und Lebensformgruppen, den politisch einst bestimmenden Nomaden, den erst durch die Bodenreform befreiten Bauern und den städtischen Beamten, Händlern, Handwerkern und Grundbesitzern, ein allerdings oft verschobenes Gleichgewicht herausgebildet, das durch die Modernisierung des Landes nun aber immer stärker und endgültig aufgebrochen wird.

Nach der Volkszählung von 1966 ergab sich noch zahlenmäßig ein Verhältnis von 580 000 Städtern zu 882 000 seßhaften Bauern zu knapp 200 000 Nomaden, die sich hauptsächlich auf die großen Konföderationen der Qashqai im Westen und die Khamseh im Osten von Fars verteilten. Seitdem hat sich bis 1976 die Zahl der Städter (in Orten über 5000 Einwohner) auf 853 000 und die Zahl der Bauern und Nomaden auf 1 168 000 erhöht, wobei die Nomaden zunehmend seßhaft wurden.

Neben Shiraz gab es 1972 in Fars 28 kleinere Städte (Kazerun 46 000; Jahrom 45 000, Fasa 26 000, Lar 28 000 u. a.) sowie 1869 kleinere und größere Dörfer, die je nach Lage unterschiedlich entwickelt waren. 1973 waren 19% von ihnen ohne Straßenanschluß, 98% ohne Elektrizität, 70% ohne Trinkwasserversorgung, 70% ohne ausreichende Schulversorgung und 84% ohne öffentliche Badehäuser. Noch 1971-72 waren erst 139 000 der 349 000 zählenden männlichen ländlichen Bevölkerung über sechs Jahren schreib- und lesekundig (36 000 von 345 000 bei Frauen).

Diese wenigen ungünstigen Strukturdaten fielen allerdings in den stadtnahen Entwicklungsbereichen besser aus, aus dem die folgenden Fallstudien entnommen wurden.

Tab. 1 zeigt beispielhaft aufgrund repräsentativer soziologischer Untersuchungen, daß die drei traditionellen Lebensformgruppen in Fars der Modernisierung in sehr

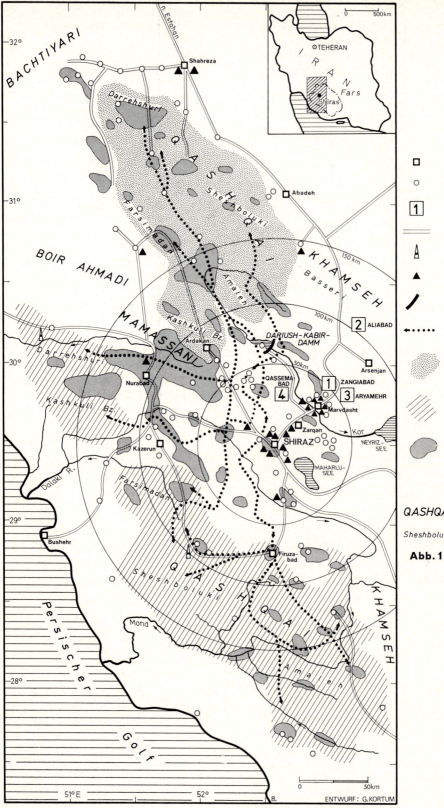

Tabelle 1 Städtische, bäuerlich-seßhafte und nomadische Lebensformgruppen in Fars unter dem Einfluß der Modernisierung bis 1968 (nach PAYDARFAR 1974)

Soziale Gruppen	städtisch	ländlich	
		bäuerlich	nomadisch
Zahl der befragten Familien	1 062	176	146
Befragungsort	Shiraz	3 Dörfer in Ramdjerd	5 Qashqai-stämme
ausgewählte Merkmale:			
a) demographische Merkmale:	%	%	%
Anteil der Kinder unter 5 Jahren	15,4	20,6	17,7
Haushaltsgröße in Personen	5,5	5,4	6,3
Verhältnis Männer/Frauen (= 100) der Altersgruppe 20—24 Jahren	72	46	43
Kinderzahl/Familie	5,5	5,4	6,3
mehr als 6 Kinder gewünscht	5,5	15,9	14,4
keine Kernfamilien	21,0	13,7	17,7
b) sozioökonomische Merkmale:			
Großhändler	2,7	0,0	0,0
Einzelhändler	14,2	2,8	1,4
Facharbeiter (Ind., Landw.)	9,6	3,4	0,7
Landwirte	0,6	65,9	13,0
Viehzüchter	0,2	0,0	43,8
erwünschen leitende Stellung			
für Söhne	34,4	64,2	58,2
für Töchter	39,8	19,9	19,9
c) Bildung: Alphabetisiert (über 6 Schuljahre) männl.	51,6	2,3	4,1
weibl.	38,6	0,6	0,0
Väter der Befragten	43,0	9,1	6,2
Mütter der Befragten	19,9	0,6	1,4
Söhne sollen auf höhere Schule gehen	19,0	67,0	56,9
d) Aspirationen und Eigenbewertung:			
Verwendung eines unerwartet verfügbaren hohen Geldbetrages für Hauskauf, Hausrat, Auto	32,7	18,8	15,1
Pilgerreise nach Mekka	4,1	10,8	20,5
Soziale und wirtschaftliche Stellung der Väter war besser	29,0	17,6	44,5
e) Energieversorgung:			
Elektrizität verfügbar	89,7	14,8	0,0
Heizmaterial Holz	1,0	33,0	87,7
Viehdung	0,3	49,4	4,1
f) Annahme von Innovationen im Wohnbereich, Besitz von Gegenständen:			
Ofen	91,3	61,4	0,7
Petroleumofen	65,0	4,5	0,7
Uhr	62,7	10,2	2,7
Nähmaschine	58,1	9,1	1,4
elektr. Ventilator	58,1	1,7	0,0
Eisbox	52,5	15,9	2,1
Stühle	56,3	3,4	2,8
Eisschrank	38,9	4,0	0,0
Tische	54,4	1,1	0,7
Betten	49,1	10,2	3,4
Fahrrad	32,3	35,2	0,0
Plattenspieler	30,4	8,5	4,1
Teppiche } als traditionelle Gegenstände zum	80,8	28,5	13,8
Kelims } Vergleich	23,5	69,3	44,4
g) Einfluß von Massenmedien:			
besitzen Radio	81,1	39,8	14,4
können Zeitung lesen	57,3	11,4	10,3
waren einmal im Kino	78,9	31,8	28,1

unterschiedlichem Maße unterliegen. Auch nach demographischen und sozioökonomischen Merkmalen sind sie noch stark gegeneinander abgesetzt. Wandlungsorientiertheit und Innovationsbereitschaft sind allerdings je nach gruppeninterner Stellung und Funktion unterschiedlich.

Grundlage für diese bislang einzige vergleichende sozioökonomische Erhebung auf empirischer Grundlage war eine Befragung von 1062 Familien aus den sehr verschiedenen Stadtteilen von Shiraz, von 176 Familien aus drei Dörfern im Entwicklungsgebiet des Dariush-Kabir-Staudammes in der Marvdasht-Ebene unweit von Zangiabad sowie von 146 Familien aus den fünf Hauptstämmen der 1966 rund 20000 Familieneinheiten umfassenden Qashqai-Nomaden. Zeitlich können diese Daten den meisten in den Fallstudien genannten zugeordnet werden.

Zumindest einige Indikatoren der Modernisierung dürften sich dabei seit 1968 verstärkt haben. Gewisse sozioökonomische Merkmalsunterschiede oder Abweichungen im Besitz von traditionellen und erst neu eingeführten Gegenständen zwischen den bäuerlich-seßhaften und nomadischen Teilgruppen der Landbevölkerung sowie der hervorstechende Gegensatz zwischen Stadt und Land blieben aber in aller Deutlichkeit weiterbestehen und kennzeichnen die traditionalen Lebensformgruppen weiterhin nach ihren wirtschaftlichen Tätigkeiten, ihrer sozialen Lage und näheren Wohnumwelt. Die folgenden Fallstudien beziehen sich nur auf den bäuerlichen-nomadischen Bereich und klammern die Entwicklung im Bereich der urbanen Lebensform aus.

In der nur den Westteil der Provinz Fars umfassenden Abb. 1 können die drei sozialgeographischen Hauptgruppen des Orients regional in ihrer Raumwirksamkeit und gegenseitigen Beeinflussung zumindest angedeutet werden. Zudem ermöglicht Abb. 1 die Einordnung der Fallstudien in diesen größeren sozialräumlichen Zusammenhang. Weiterhin erscheinen einleitend einige allgemeinere Angaben zur Agrarstruktur der Provinz angebracht: Anfang der 60er Jahre waren mit 825 000 ha Ackerland für Regen- und Bewässerungsfeldbau (rund 500 000 ha) nur etwa 9% der 146 700 km² betragenden Provinzfläche unter Kultur. Die mit den Brachflächen rund 1,4 Mill. ha umfassende landwirtschaftliche Nutzfläche ist durch Neulanderschließungen mit der Einführung der Pumpbewässerung besonders in der mittleren Höhenzone und den hochgelegenen Sommerweidegebieten der Nomaden seitdem geringfügig ausgeweitet worden.

1972 wurden in Fars folgende landwirtschaftliche Produkte erzeugt:

	1 000 t	dz	ha
Weizen	351	—	11,25
Gerste	100	—	10,04
Reis	25	—	24,00
andere Getreidearten	2	—	10,31
Zuckerrüben	399	—	190,00
Tabak	0,3	—	9,10
Ölsaaten	5,3	—	8,86
Kartoffeln	6	—	57,00
Zwiebeln	4	—	85,20
Tomaten	9,5	—	19,65
Gemüse	3,2	—	129,54
Melonen	46	—	98,40
Baumwolle	29,5	—	11,81
Alfalfa	17	—	5,00
Hülsenfrüchte	3,4	—	7,28
Äpfel		—	3,80
Weintrauben		—	31,00
Trockenfrüchte		—	2,20

Der Viehbestand betrug 1971/72:

Rinder	188 000	Stück
Schafe	950 000	,,
Ziegen	1 546 000	,,
Büffel	3 000	,,
Esel	120 000	,,
Pferde	5 000	,,
Kamele	16 000	,,
Maultiere	3 000	,,
Geflügel	494 000	,,

An tierischen Produkten wurden 1971/72 erzeugt 38 000 t Milch, 22 Mill. Eier, 500 t Wolle und 1 000 t Haare. Die öffentlichen Schlachthäuser verwerteten 134 000 Schafe, 167 500 Ziegen, 12 369 Rinder, 5 Büffel und 926 Kamele. — Der inzwischen stark angestiegene Durchschnittslohn für Landarbeiter betrug 1972 93 RI pro Tag (Frauen nur 48 RI; derzeit 1 DM = 25 RI). An Maschinenbesatz wurde gezählt: 1420 Traktoren (davon 755 in Gemeinschaftsbesitz), 155 Mähdrescher (61) und 4209 andere Geräte (2200). Im selben

Jahr gab es in Fars nur 9708 Industriearbeiter (3491 Lebens- und Genußmittel, 1610 Textil, 851 Teppichmanufaktur, 52 Holz, 41 Druck und Papier, 2258 Chemie [Öl, Zement u. a.] sowie 1092 Steine und Erden, und 164 Maschinenbau). Sie entfielen auf 107 private und 11 staatliche Betriebe.

Einige infrastrukturelle Kenndaten für das selbe Stichjahr mögen das regionale Hintergrundwissen für die Fallstudien ergänzen: Die Energieerzeugung belief sich auf (in 100000 kWh): 2469, davon entfielen auf Haushalt 478, Gewerbe 615, Industrie 709, Straßenbeleuchtung 129, Landwirtschaft 118 und andere Wirtschaftszweige 17. — Die 30 Post- und Telegraphenämter nahmen 19 Mill. Briefe und 369000 Paketsendungen an. Es gab 5293 Grundschulen, 3352 weiterführende Schulen sowie 516 höhere Lehranstalten (letztere mit 3445 Schülern). — Die Gesundheitsfürsorge für die Provinzbevölkerung von 1,921 Mill. war mit 32 Krankenhäusern (mit 2159 Betten), 166 Ambulanzstationen, 59 Apotheken, 345 Ärzten und 34 Zahnärzten auf die Städte konzentriert. — Außer Radio Shiraz bestanden 1972 bereits kleinere Fernsehsender in Shiraz, Abadeh, Kazerun, Marvdasht, Zarqan und Persepolis. — Ferner deuten die 23 Kinos in der Provinz (mit 13195 Plätzen) sowie die 42 Hotels (3022 Betten) und 59 kleineren Gasthäuser (1675) auf weitere externe Modernisierungsfaktoren, die besonders wiederum die Städte betreffen.

Fallstudie 1:

3. Sozioökonomischer Wandel in einem südpersischen Dorf

Beispiel: Zangiabad

3.1 Siedlungsgeschichte, Bevölkerung und Sozialstruktur

Eine der rund 66000 ländlichen Siedlungen in Iran, auf die im folgenden exemplarisch näher eingegangen werden soll, ist das Dorf Zangiabad (vgl. Abb. 3, zur Lage auch Abb. 1). Im Rahmen einer Dorfmonographie können zwar nicht in jeder Hinsicht alle Aspekte der in Iran sehr vielfältigen physischgeographischen Voraussetzungen und sozioökonomischen Bedingungen des Landes erfaßt werden, aber mit ausgewählten zuverlässigen Daten bestimmte regionale und allgemeine Entwicklungsprobleme anschaulicher und schärfer erfaßt werden. Es sollen dabei besonders auch die seit der Bodenreform in Iran auftretenden Wandlungen und Entwicklungstendenzen betont werden.

In Zangiabad, das auf 1600 m Meereshöhe etwa 65 km nördlich von Shiraz in der 3500 qkm großen Bewässerungslandschaft der Marvdasht-Ebene unweit der im 6. Jh. v. Chr. von Darius errichteten Palastanlagen von Persepolis liegt, sind dabei einerseits besondere traditionelle Hemmnisfaktoren, aber auch manche entwicklungsfördernde Elemente wirksam gewesen. Iran ist ein Land sehr alter, eigenständiger Kultur. Die Marvdasht-Ebene, in deren rund 350 Dörfern heute über 150000 Einwohner leben, gehört zu den ältesten landwirtschaftlichen und historischen Kernräumen des Landes (Putzger, Historischer Weltatlas, S. 14/15, 40, 72, 136). Neben Persepolis sind in Abb. 3 mehrere antike Königsgräber, Felsreliefs aus der Epoche der Sassaniden (3.—7. Jh. n. Chr.) und das Ruinenfeld der 1044 zerstörten, ehemals bedeutenden Stadt Istakhr verzeichnet, die als zentraler Ort im Mittelalter Vorläuferin des heutigen Landstädtchens Marvdasht war. Dieser Ort (1970: ca. 40000 E.) ist sehr jung und hat sich erst seit 1938 um eine hier errichtete Zuckerfabrik gebildet, die sehr großen Einfluß auf die Entwicklung der Landwirtschaft der Gegend gehabt hat. Daneben finden sich in der Ebene eine sehr große Zahl von Siedlungsspuren und alten Bewässerungsanlagen, die eine mehr oder weniger kontinuierliche landwirtschaftliche Nutzung dieses Raumes seit der Steinzeit belegen. Naturkatastrophen, Kriegswirren oder Übergriffe von Nomadenstämmen haben aber etwa im Mittelalter und im Anfang des 18. Jh immer wieder auch zum Verfall der Kulturlandschaft geführt. Zangiabad hat alle Stürme überdauert. Das Dorf wurde schon zur Regierungszeit des Atabak-e-Zangi in Shiraz (1148—1287) gegründet, allerdings hat sich die Siedlungsanlage im Laufe der Zeit etwas verschoben. Alle Dörfer der Ebene sind nur aus Lehmziegeln gebaut und zum Schutz vor Angriffen durchziehender Nomaden oft von quadratischen Festungsmauern und Wehrtürmen umgeben („Qaleh"). Die Nachbardörfer sind jünger und auch kleiner: Shamsabad (1966: 814 Einwohner, 160 Familien) wird erstmals 1685 von dem deutschen Persienreisenden Engelbert Kämpfer erwähnt.

Das von einem Qanat im Sivand-Tal bewässerte Dorf Hosseynabad zählte nach dem zweiten iranischen Zensus von 1966 nur 336 Einwohner bzw. 66 Familien. Im selben Jahr wohnten in Zangiabad in 283 Haushaltungen 1461 Personen (763

7

männlich, 698 weiblich). Zehn Jahre zuvor betrug die Einwohnerzahl aber erst 922. Diese hohe Bevölkerungszunahme um 58%, die sogar über dem Durchschnittswert der ganzen Marvdasht-Ebene (45%) lag, ist für die meisten iranischen Dörfer charakteristisch und auf die durch Verbesserungen im medizinischen und hygienischen Bereich erfolgte rapide Erhöhung der natürlichen Zuwachsrate auf über 3% zurückzuführen. Bei begrenzten landwirtschaftlichen Möglichkeiten hat sie den Bevölkerungsdruck in ländlichen Gebieten Irans wesentlich erhöht und damit wachsende soziale Probleme geschaffen. Etwa die Hälfte der Dorfbevölkerung ist heute unter 15 Jahre alt. Im Durchschnitt entfallen jährlich auf 50 Sterbefälle über 100 Geburten.

Einige landlose Familien sind zwar in den 60er Jahren in die Städte Marvdasht und nach Shiraz gezogen, andererseits haben sich aber in Zangiabad alleine in der Zeit von 1960—1970 40 Familien vom Nomadenstamm der Basseri niedergelassen. Der Wanderweg dieses 1958 noch 7200 Zelte zählenden Stammes führt direkt am Dorf vorbei, und die Ufer des Sivand-Flusses waren bevorzugte Rastplätze auf dem Weg von den Winterweiden südöstlich von Jahrom zu den sommerkühlen Hochweiden im Zagros-Gebirge südöstlich von Abadeh. Noch im Oktober 1964 kam es in den Dörfern um Zangiabad zu Schießereien und Viehdiebstählen. In den Jahren 1974/75 erfolgte wiederum ein Seßhaftwerdungsschub im Dorf. Allerdings ließen sich die Stammesleute, es handelt sich um 15 Familien der Kolombei (ein Unterstamm der Basseri), nicht in dem durch Ausbauten wie Schule, Geschäfte und Wohnhäuser stark ausgeweiteten Ortskern nieder, sondern bauten sich auf gekauften kleineren Grundstücken an der Zufahrtsstraße von den Königsgräbern zum Ort ein Dutzend Lehmhäuser. Im Sommer wohnen sie weiterhin in ihren Zelten, die sie im ummauerten Hof aufschlagen. Die seßhaft gewordenen Stammesleute treiben kein Vieh mehr und sind als Gelegenheitsarbeiter in Marvdasht tätig. (Ihre Häuser sind auf der generell einen älteren Stand wiedergebenden Karte Abb. 3 noch nicht verzeichnet).

Zangiabad gehört zu den 27 Dörfern der Ebene mit über 1 000 Einwohnern und verfügt heute über eine relativ gute kommunale Infrastruktur mit günstigen Verkehrsanbindungen an die Hauptstraße von Shiraz nach Esfahan. Obwohl im Ort schon seit 1942 eine Schule besteht, betrug der Anteil der männlichen Analphabeten über zehn Jahren 1970 noch 80%. 1968 kam die „Armee des Wissens", die Abgänger höherer Schulen in der Zeit der Wehrpflicht als Lehrer in fast alle iranischen Dörfer entsendet, auch nach Zangiabad. Eine zweite Schule wurde gebaut, in der zwei Lehrersoldaten 1970 sechs Klassen unterrichteten. Aber nicht alle schulpflichtigen Jungen absolvierten die vier vorgeschriebenen Grundschuljahre, und der Anteil der Mädchen, die meist zu Hause Teppiche knüpften, war erheblich geringer.

Nur 108 der 283 Familien in Zangiabad haben Land und leben direkt von der Landwirtschaft. In den größeren Dörfern ist die berufliche Differenzierung schon weiter entwickelt. In Zangiabad gibt es 28 Handwerker und zwölf Händler, die in ihren Krämerläden nicht nur den täglichen Bedarf der Dorfbevölkerung decken, sondern auch als Geldverleiher tätig sind. Die meisten der Haushaltsvorstände des Ortes sind landwirtschaftliche Gelegenheitsarbeiter mit sehr geringem Jahreseinkommen. Nach der Bodenreform 1962 verschlechterte sich ihre Lage zusehends. Im ganzen Land wird die jährliche Landflucht aus dieser sozialen Schicht mit etwa 500 000 angegeben. 15 Personen aus Zangiabad arbeiten in den drei Wintermonaten in der Zuckerfabrik von Marvdasht. In 70 Haushalten werden Teppiche geknüpft, die weiterhin eine wichtige zusätzliche Erwerbsquelle in vielen Dörfern darstellen.

3.2 Traditionelle und moderne Formen der Bewässerung

Naturräumlich gehört die Marvdasht-Ebene als Ausschnitt aus dem bäuerlich-nomadischen Lebensraum Südirans zur abflußlosen Beckenlandschaft um den Neyris-See in einer Längstalzone des Zagros-Gebirges, das das zentraliranische

Hochland von den weitgehend unerschlossenen Küstengebieten am Persischen Golf trennt (Atlas!). Im 40jährigen Mittel werden zwar um Shiraz Jahresniederschläge von 340 mm erreicht, aber praktisch ergibt sich aus deren landwirtschaftlich sehr ungünstigen Verteilung auf wenige Regenperioden im Winter und den erheblichen Schwankungen von Jahr zu Jahr der Zwang zur Bewässerung, auch wenn nur extensiver Getreideanbau betrieben wird, der wenig Wasser beansprucht. Dürreperioden sind in Iran häufig und führen etwa in den nordpersischen Regenfeldbaugebieten immer wieder zu Mißernten.

Im Zeitraum von 1958—1964 fielen in Zangiabad durchschnittlich nur 235 mm. Die Niederschlagswerte betrugen jährlich 512, 540, 116, 236, 182, 215, 332 und 235 mm. Das Alter und die Größe des Dorfes wird nicht zuletzt durch die für Bewässerung günstige topographische Lage auf dem Schwemmfächer des in die Ebene vorstoßenden Sivand-Flusses bedingt, der über den von sehr alten Wehren und neuerdings auch von einem modernen Mehrzweckdamm aufgestauten Kor-Fluß in den Neyris-Salzsee entwässert. Der Sivand, von dem mehrere Kanäle außerhalb des Kartenausschnittes (Abb. 3) auf die rd. 1 500 ha große Flur von Zangiabad und auf die ebenfalls nur begrenzten Bewässerungsflächen anderer Dörfer abgeleitet werden, führt zwar durchschnittlich 20 Mill. cbm Wasser, aber der Jahresabfluß schwankt sehr stark je nach den Niederschlägen im Einzugsgebiet von 31,65 Mill. cbm (1959) bis nur 3,36 Mill. cbm (1962). Die Hauptwasserführung — es wurden an einem Tag 19 cbm/sec gemessen — liegt im März/April vor, während der Fluß in jedem Jahr in den absolut niederschlagslosen fünf Sommermonaten nur sehr wenig salziges Wasser führt oder ganz austrocknet. Allgemein ist der Salzgehalt des Wassers mit 200—600 ppm (Teile pro Million) aber geringer als beim Kor und dem Grundwasser aus Qanaten und Brunnen.

Die braunen Steppenböden und wenig versalzenen Alluvialböden um Zangiabad zeigen bei einem Grundwasserstand von etwa 5 m und nur geringer Durchlässigkeit der sandigen Lehme und Tone im Gehalt von Stickstoff, Phosphat und an löslichen organischen Bestandteilen angesichts der jahrtausendelangen landwirtschaftlichen Nutzung noch eine ausreichende Bodenfruchtbarkeit. Über 30% der Marvdasht-Ebene sind aber versalzen.

Nach einem sehr alten Verteilerschlüssel standen der Landwirtschaft von Zangiabad aus dem Flußwasser des Sivand insgesamt jährlich umgerechnet auf den Bezug der Niederschlagsangaben 148 mm zur Verfügung. Das Kanalwasser wurde im neuntägigen Turnus von den in 18 Anbaugemeinschaften („Haratha") zusammengeschlossenen 108 Teilbauern bzw. späteren Pächtern genutzt. Nach der 1963 hier durchgeführten Bodenreform wurde der Wasseranspruch des Dorfes allerdings zugunsten der weiter flußab gelegenen Siedlungen gekürzt. — Der Wasserbedarf der in Zangiabad angebauten Kulturpflanzen ist sehr unterschiedlich: So benötigt die dreimal bewässerte Gerste etwa 2 400 cbm/ha, Weizen 3 300 cbm/ha (4—5 Wassergaben) und Zuckerrüben sogar 11 550 cbm/ha (20—24 Wassergaben). Wasser ist der wichtigste limitierende Faktor für die iranische Landwirtschaft. Wassermangel, besonders in den Sommermonaten, in denen das Flußwasser zurückgeht, hatte deshalb die Besitzer des Dorfes schon sehr früh veranlaßt, zusätzlich durch Qanate Grundwasser zu erschließen. Diese Ableitungsstollen sind aber heute nicht mehr in Funktion und ebenso wie in vielen anderen Dörfern durch motorgetriebene Wasserpumpen ersetzt worden.

Zur Sicherung und Ausdehnung des Zuckerrübenanbaus wurden in Zangiabad deshalb mit Hilfe von günstigen Krediten der nahen Zuckerfabrik und des Ministeriums für Aufbau sechs Halbtiefbrunnen gebaut, die durchschnittlich 20 l/sec fördern und für jede der 36 ha großen Anbaugemeinschaften an 180 Betriebstagen etwa 1 728 mm Wasser erbrachten. Hiermit können etwa 6 ha Zuckerrüben bewässert werden. Da die Zahl der Brunnen aber nicht ausreicht und sich der Bau von weiteren Pumpen negativ auf den Grundwasserstand auswirken würde, erhielten die Zuckerrüben nur alle sechs Tage Wasser. Dieses minderte natürlich die Erträge in starkem Maße.

Mit dem 1966—72 in der Talenge von Doroodzan beim Eintritt des in den Neyriz-Salzsee entwässernden Kor-Flusses in die Marvdasht-Ebene anstelle mehrerer, zum Teil antiker Steinwehre errichteten Dariush-Kabir-Staudamm (750 m lang und 60 m hoch) wird die obere Ebene mit 117 km Haupt- und 180 km Nebenkanälen neu erschlossen. In dem von 128 größeren Dörfern besetzten Projektgebiet von 96 000 ha wird es aufgrund des Hochwasserschutzes und gesicherten Wasserbewirtschaftung auf den bisher schon unzureichend bewässerten 15 000 ha und den neugewonnenen Bewässerungsland von 26 000 ha zu einer deutlichen Intensivierung der Landwirtschaft kommen. Zudem liefert der Mehrzweckdamm 49 Mill. kWh Energie und 25 Mill. cbm Trinkwasser nach Shiraz sowie über 9 Mill. cbm Wasser für die sich schnell um Marvdasht entfaltende Industrie (Zuckerfabrik, Kunstdüngerkomplex auf Erdgasbasis, Raffinerie der staatlichen Ölgesellschaft, dazu mehrere Mittel- und Großbetriebe an der Straße Shiraz—Persepolis). Der Bedarf an Bewässerungswasser im Projektgebiet von 467,7 Mill. cbm wird deshalb bei einem durchschnittlichen Jahresabfluß des Kor von 760 Mill cbm in Zukunft nicht voll gedeckt werden können. Angesichts neuester Prioritäten der Regierung, die Industrie im Untersuchungsraum auszubauen, wird somit das limitierte Wasserangebot weiterhin jede landwirtschaftliche Entwicklung beeinträchtigen. — Die Fallstudien sind von diesem Projekt nur im Fall der Nomadenansiedlung Qassemabad direkt betroffen.

3.3 Agrarstruktur

Wegen Wassermangel konnten 1971 in Zangiabad nur 666 ha der 1 512 ha großen landwirtschaftlichen Nutzfläche bestellt werden. Auch in anderen Dörfern liegt der Anteil der Brache bei etwa 50%, und nur im kaspischen Küstentiefland kommt es zu einem Mosaik großer zusammenhängender Anbauflächen. Es gibt keine geregelte Fruchtfolge in diesem noch sehr extensiven Bodennutzungssystem, in dem vor jeder Feldbestellung immer ein Jahr, bei Zuckerrüben sogar zwei Jahre Brache eingeschaltet wird. Regierungsamtliche Planungen gehen in der Marvdasht-Ebene davon aus, daß nach Ausbau der Bewässerungswirtschaft die jährliche effektive Anbaufläche von 38% auf 80% ausgedehnt werden kann und allein durch Ertragssteigerungen von 8,4 dz/ha auf 25 dz/ha bei Weizen eine Versechsfachung der Produktivität erreicht wird.

In der Brache liegt für die iranische Landwirtschaft sicher noch ein großes latentes Potential, aber auch ohne den steuernden Mangelfaktor Wasser dauerte es etwa auch in Deutschland 100 Jahre, um bis 1900 den Anteil der Brache von 25% auf 4,7% zu senken. Kurzfristig läßt sich eine intensivierte Fruchtwechselwirtschaft entgegen den Vorstellungen iranischer Agrarfachleute im ganzen Lande kaum durchführen.

In Zangiabad gibt es 108 landwirtschaftliche Betriebe, die gleichmäßig über 14 ha verfügen; nur knapp die Hälfte kann jedoch bewässert werden. Über 60% der erst seit 1971 selbständigen Bauern, die bis 1963 Anteilbauern und dann Pächter waren, haben mehr als fünf Parzellen. Dieses wirkt sich aber weniger nachteilig aus, da sich in Zangiabad jeweils sechs Bauern zu einer Erzeugergemeinschaft zusammengeschlossen haben, die die Feldarbeiten, den Kauf von Saatgut und Düngemitteln sowie die Bewässerungsarbeiten gemeinschaftlich durchführt. Diese kooperative Zusammenarbeit ist schon sehr alt und ist eine Fortentwicklung der vor der Bodenreform im Teilbausystem verbreiteten Anbaugemeinschaft („Haratha") auf freiwilliger Grundlage. Auf die 18 Haratha des Dorfes entfallen somit gleichmäßig je 36 ha Bewässerungsland und 48 ha Brachland.

Im Durchschnitt wurden 1970 21 ha Weizen, 6 ha Gerste, 6 ha Zuckerrüben und 0,6 ha Mohn angebaut. Der Mohnbau zur Opiumgewinnung, der lange Zeit streng verboten war, wird heute in einer ausgewählten Zahl von Dörfern wieder unter staatlicher Kontrolle durchgeführt und liefert höhere Gewinne als der Anbau der Industriepflanze Zuckerrübe. — In anderen Dörfern um Zangiabad wird außerdem noch Baumwolle und bei ausreichenden Bewässerungsmöglichkeiten auch Reis angebaut, dazu auch Gemüse zur Belieferung von Shiraz.

3.4 Wirtschaftsgrundlagen und Entwicklungsmöglichkeiten am Beispiel eines Pächterbetriebes

Tab. 2 und 3 geben einen Einblick in die Betriebsstruktur und das Einkommen eines Durchschnittsbetriebes in Zangiabad, wobei die erzielten Nettoeinkünfte aus der Landwirtschaft von umgerechnet DM 2000 knapp doppelt so hoch liegen wie in anderen Nachbardörfern mit geringeren Betriebsgrößen, schlechteren Bewässerungsmöglichkeiten und geringerem Zuckerrübenanbau. In Hosseynabad etwa erreichte das jährliche Reineinkommen 1970 nur 21 000 Rial[1] (zuzüglich 3000 Rial für Teppichknüpferei). In einem entfernteren Nachbardorf mit Zuckerrüben- und Mohnanbau wurden aber 1970 schon Einkommen von DM 3500 ermittelt.

Die in Tab. 3 aufgeführten Daten kennzeichnen in der Differenz der Aufwendungen und Erträge des schuldenfrei gedachten Betriebes das landwirtschaftliche Roheinkommen eines typischen bäuerlichen Haushalts sieben Jahre nach der Bodenreform. Dieses ist zwar durch Umwandlung der 3/5 der Getreideernte und die Hälfte der Zuckerrüben ausmachenden Naturalabgaben an den Grundbesitzer im Teilbausystem in Geldpacht, erhöhten Arbeits- und Investitionsaufwand und besonders durch die Ausdehnung der wirtschaftlich interessanten Verkaufsfrüchte Zuckerrübe und Mohn seit der Bodenreform auf etwa das Vierfache gestiegen, dennoch arbeitet dieser Beispielbetrieb mit Verlust, wenn man nach deutschen Maßstäben der betrieblichen Wirtschaftsbeschreibung und Leistungsbeurteilung den Lohnanspruch des Pächters (ortsüblich 1970 etwa 100 Rial/Tag) und mithelfender Familienangehöriger sowie den Zinsanspruch für das in Haus und Hof angelegte Vermögen vom Roheinkommen abzieht. Immerhin konnten sich aber wie in Zangiabad in vielen Gebieten gegenüber den statischen, entwicklungshemmenden Verhältnissen vor der Bodenreform bereits betriebswirtschaftliches und marktorientiertes Denken und Verhalten teilweise bei den Bauern durchsetzen.

Beurteilt man ausgehend von Tab. 2 und 3 die Entwicklungsmöglichkeiten der Landwirtschaft und des Einkommens, verdoppeln sich bei gestiegenem Kreditbedarf (etwa 64000 Rial) durch Ausdehnung der Anbaufläche von 6 auf 12 ha zwar die Roherträge aus dem Ackerbau auf 136000 Rial, aber auch die Produktionskosten auf 85000 Rial. Das Roheinkommen steigt auf 63000 Rial. — Auch das trockenresistente heimische Saatgut könnte bei einer Aussaat von 140 kg gereinigtem Zuchtsaatgut und 150 kg Volldünger pro Hektar die Erträge bei Weizen, die gegenwärtig nur das 10—20fache Korn der Aussaat unter Bewässerung ergeben, auf 23 dz/ha steigern. Nur bei Zuckerrüben ist bisher Zuchtsaatgut und Düngung üblich. Reihen- statt Breitsaat und Einführung der wassersparenden Furchenbewässerung statt der üblichen Staubeckenmethode sowie bessere Pflege und Bewässerung könnten die Erträge auf über 200 dz/ha steigern. Hierdurch könnten die Roherträge auch ohne Ausdehnung der Anbauflächen bei nur 90000 Rial gestiegenem Aufwand allein auf 260000 Rial vervierfacht werden. Führt man beide Maßnahmen gleichzeitig durch, wird ein Netto-Betriebseinkommen von 152000 Rial möglich. Bei Intensivierung durch Veränderung der Anbauverteilung (4 ha Zuckerrüben, 6 ha Weizen und 2 ha Gerste) könnte das Roheinkommen durch diese agrarstrukturellen Maßnahmen bei einem Aufwand von 160000 Rial für Saatgut, Bewässerung, Düngemittel, Pflanzenschutz und mechanisierte Bearbeitung auf 320000 Rial optimiert werden und das Nettoeinkommen auf rund DM 8500 gesteigert werden.

1970 gab es in Zangiabad bereits 17 Traktoren und sechs Mähdrescher, die teilweise dem Haratha und teilweise Lohnunternehmern gehörten. Für das Pflügen wird von diesen ein Betrag von 600 Rial/ha erhoben. Die Großviehhaltung wurde durch die Mechanisierung des Pflügens, das vorher durch ochsenbespannte, hölzerne Hakenpflüge erfolgte, sehr zurückgedrängt. Die Produktion der bäuerlichen Nutzviehhaltung — in Zangiabad entfallen auf einen Betrieb zwei Kühe, zehn Schafe, sechs Ziegen und ein Esel — dient ausschließlich der Eigenversorgung. — Die Mechanisierung der Landwirtschaft, die auch in Deutschland erst in den 50er Jahren voll einsetzte, muß in Entwicklungsländern und besonders auch in Iran vor dem jeweiligen sozioökonomischen Entwicklungsstand gesehen werden. Kurz nach der Bodenreform wurde in der Marvdasht-Ebene auf einer nur teilweise bewässerten Fläche von 1000 ha ein Arbeitskräftebesatz von 130 berechnet. Bei einer Ausdehnung der Anbaufläche von 50% auf 96% müssen für eine Vollmechanisierung (11 Schlepper, 4 Mähdrescher, 7 Dreischarpflüge, 5 Drillmaschinen, 6 Dungstreuer, 3 Rübenrodepflüge, Vielfachgeräte u. a.) an

---
[1] 1 DM = 20 Rial

Tabelle 2 Landwirtschaftliche Roherträge eines 14 ha-Pachtbetriebes in Zangiabad, 1970 (20 Rial = 1 DM)

Anbaukultur:	Weizen	Gerste	Zuckerrübe	Mohn
Anbaufläche ha (bei 6 ha Brache)	3,5	1,5	1	0,1
Erträge dz/ha	9	6	200	0,5
Gesamtertrag dz	31,7	8	200	0,05
Preis Rial/kg	6,5	6	114	4000
Erntewert Rial	20200	4800	22700	20000
Rohertrag/Rial ha	5840	6500	6000	5850
Produktionskosten pro ha:				
Arbeitsaufwand Std./ha	118	78	908	1170
Wasserbedarf cbm/ha	3300	2400	11550	(keine Ang.)
Saatgut Rial	616	484	1100	1210
Pflügen (Traktor) ,,	600	600	1000	600
Bewässerung ,,	613	160	1250	1500
Düngung ,,	—	—	1500	2000
Ernte und Transport ,,	620	50	3700	(keine Ang.)
Bewirtschaftungskosten				
(Rial/ha)	2449	1294	8350	5310
Deckungsbetrag (Rial/ha)	3401	2306	14250	114690

nach AMINI, 1973

Tabelle 3 Gewinnrechnung eines 14-ha-Pachtbetriebes in Zangiabad 1970 (Rial 20 = DM 1,—)

Einnahmen	Rial	Ausgaben	Rial
Verkaufswert der Ernte:	67700	Abgaben:	
Weizen 3,5 ha	20200	Steuer	1602
Gerste 1,5 ha	4800	Pacht	14800
Zuckerrüben 1 ha	22700	Zinsen	2380
Mohn 0,1 ha	20000	Sachaufwand für Feldbau: (Anteil an Kosten der Erzeugergemeinschaft)	22990
Rohertrag aus der Viehhaltung	12035	Saatgut	4050
Reineinkommen aus der Teppich-		Düngemittel und Pflanzenschutz	1700
knüpferei	3500	Wassergebühren	1250
Einnahmen insgesamt	83235	Treib- und Schmierstoffe, Reparatur der Wasserpumpen	2560
		Unterhaltung der Wasserbrunnen und Kanäle	700
		Unterhaltung der Maschinen und Geräte	800
		Abschreibung der Maschinen und Geräte	1200
		Unterhaltung der Wirtschaftsgebäude	340
		Abschreibung der Wirtschaftsgebäude	1000
		Lohnunternehmer für Bodenbearbeitung	3960
		Lohnunternehmer für Ernte, Dreschen und Transport	4850
		Fremdlöhne	590
		Sachaufwand für Viehhaltung: (von Einzelbetrieb)	2278
		Unterhaltung des Stalles	283
		Abschreibung des Stalles	500
		Futtermittel	955
		Saatgut und Bewässerung des Luzernenanbaus	290
		Hirtenlöhne	250
		Gesamtaufwand	44050
jährliches Reineinkommen	39185		

nach AMINI 1973

die DM 500000 investiert werden. Der jetzige Arbeitskräftebesatz von 130 Personen für 500 ha würde sich dabei aber auf 89 für 960 ha verringern. Beim Getreidebau wird dadurch der Arbeitsaufwand von 250 Stunden/ha auf 118 gesenkt, beim sehr arbeits- und wasseraufwendigen Rübenanbau auch bei verbesserter Pflege auf 490 Stunden/ha.

Förderung der Mechanisierung ist gegenwärtig ein Hauptanliegen der Agrarreform in Iran, aber nicht nur das Internationale Arbeitsamt hat in einem Bericht über die Beschäftigungs- und Einkommenspolitik des Landes hervorgehoben, daß ländliche Unterbeschäftigung zum gegenwärtigen Entwicklungsstand der iranischen Gesamtwirtschaft einer städtischen Arbeitslosigkeit in jedem Fall vorzuziehen sei.
1963 wurde in Zangiabad eine Genossenschaft gegründet, der 116 Personen mit Einlagen von etwa 1000 Rial beitraten. Im selben Jahr noch konnten 400000 Rial in zehnmonatigen Kleinkrediten zu 5% ausgezahlt werden. Bis 1970 stieg die Durchschnittskredithöhe von 3500 Rial auf 7400 Rial pro Pächterhaushalt. Das sehr bürokratische Vergabeverfahren über die regionalen und zentralen Genossenschaftsverbände berücksichtigt zwar den bestehenden ständigen Kreditbedarf als wesentlichsten Entwicklungsfaktor, überwacht aber im Gegensatz zu den sehr wirksamen Produktionskrediten der Zuckerfabrik nicht die Verwendung. Meist wurden diese Kredite für den Konsum und zur Abdeckung anderer Schulden benötigt. Der Kreislauf der Dauerverschuldung war 1970 in Zangiagad noch nicht gebrochen: So hatten alle 72 Betriebe im Dorf im Durchschnitt alleine bei den Geschäftsinhabern Schulden von 10350 Rial.
Von der Zuckerfabrik hatten die Betriebe durchschnittlich 11000 Rial Kredit erhalten. Ferner vergibt seit 1964 eine Filiale der Iranischen Exportbank in Zangiabad Kredite zu 12% Zinsen gezielt für die Förderung der Teppichknüpferei. Der Durchschnittskredit entsprach mit 7000 Rial etwa dem Wert eines Teppichs, der in etwa vier Monaten von 7—15jährigen Mädchen und Frauen hergestellt wird und unter der Provenienzbezeichnung Shiraz auch auf Auslandsmärkte geht. 60% aller Pachtbetriebe des Dorfes hatten 1970 mehr als 50000 Rial Schulden, was etwa einem Jahreseinkommen gleichkommt. Auch in anderen Landesteilen konnten die Genossenschaften, die nur selten im Produktionsmittel-Sektor und dem Absatz von Agrarprodukten erfolgreich tätig wurden, die Dauerverschuldung noch nicht beheben. Günstige und sinnvoll eingesetzte Agrarkredite bleiben aber weiterhin wichtige Instrumente der landwirtschaftlichen Entwicklungspolitik.

3.5 Religiöses Stiftungsland als traditioneller Hemmnisfaktor für die Bodenreform

Besitzrechtlich zerfallen iranische Dörfer unabhängig von ihrer Größe seit alter Zeit in jeweils sechs „Dang" genannte Dorfteile. Statt bestimmter Grundstücksflächen wurden diese Dang und die dazu gehörenden Teilpächter registriert und gehandelt. In Zangiabad gliedert sich die gesamte Sechs-Dang-Flur von rund 1500 ha in zwei als Stiftungen registrierte Drei-Dang-Flächen, die von je 54 Pächtern im Teilbau für 2/5 der Getreideernte bearbeitet wurden.

Zangiabad ist schon seit 1726 eine unveräußerliche, gemeinnützige Stiftung („Vaqf-e-amm"). Die aus der Landwirtschaft abgeschöpften Renten müssen für wohltätige oder religiöse Zwecke verwendet werden. Zangiabad wird auch deshalb hier als Beispiel behandelt, um das Fortwirken einer alten, spezifisch islamischen und nur bedingt mit den kirchlichen Ländereien Europas vergleichbaren Eigentumsform zu zeigen.

Die Bodenreform brachte in Zangiabad wie in der überwiegenden Zahl der iranischen Dörfer den Bauern zunächst kein Eigenland, sondern nur Verbesserung der Pachtbedingungen. Nach §8 der Bestimmungen der Zweiten Phase der Reform von 1963 wurde religiöses Stiftungsland von der Verteilung ausgeschlossen und auf 99 Jahre an die vormaligen Teilpächter zu festen Geldbeträgen verpachtet. Diese langfristigen Geldpachtverträge wurden im Dorf zwischen dem Stiftungsverwalter („Mutavalli") und der neuen Genossenschaft abgeschlossen. Allerdings wurden die vom Bodenreformamt in Shiraz aufgrund der relativ guten landwirtschaftlichen Voraussetzungen im Dorf festgelegten Pachtsummen von 14800 Rial für die auf alle flurberechtigten Teilbauern gleichmäßig entfallenden 14 ha zu hoch festgesetzt. Sie lagen aber unter dem Wert der vorher im Teilbausystem abzuliefernden Ernteteile (3/5 bis 4/5 bei Getreide, 1/2 bei Zuckerrüben). In der Marvdasht-Ebene gab es neben Großgrundbesitz von Städtern und Nomadenkhans und sich oft nur auf zwei bis drei Dang beschränkenden Kleingrundbesitz von Bazarhändlern und Beamten sehr viel Stiftungsland. Das qanatbewässerte Nachbardorf Hosseynabad ist schon seit 1856 eine Stiftung und wurde 1963 an 44 Familien verpachtet. Hier betrug die Jahrespacht aber nur 580 Rials für die zugeteilten 5 ha. In diesem Dorf wurden 1970 für 188 ha eine Pachtsumme von 370300 Rial eingesammelt. Nur 20% wurde dabei aber tatsächlich für wohltätige Sachausgaben verwendet, ein gleich hoher Anteil entfiel auf den Verwalter für seine Mühe und der Rest auf Verwaltungskosten, Aufsichts- und Gerichtsgebühren, Steuern und Rücklagen für das Zentrale Stiftungsamt in Teheran, durch das der Staat schon seit den 30er Jahren eine Oberaufsicht über das Stiftungswesen im Lande ausübt.

Seit der Islamisierung Persiens im 7. Jh. sind unverkäufliche, einem religiösen oder karitativen Zweck gewidmete Stiftungsländereien in Iran weit verbreitet und machten 1962 mit 44000 oft nur auf Dorfteile beschränkten Einzelstiftungen und 5,6 Mill. ha mehr als 15% der landwirtschaftlichen Nutzfläche Irans aus. Sie galten als am schlechtesten bewirtschaftete Dörfer, in die nur das Notwendigste investiert wurde.

Bis 1965 wurden 16312 Stiftungen langfristig an 158000 Bauern verpachtet. Wegen des Widerstandes der höheren islamischen Geistlichkeit wurde das Vaqf-Land erst sehr spät in einem Gesetz von 1971 an die bearbeitenden Bauern verkauft.
Neben religiösen und wohltätigen Motiven spielte bei der Umwandlung in eine Stiftung auch oft der Wunsch mit, das Land dem Zugriff des Staates zu entziehen und wenigstens die hohe Aufwandsentschädigung für die Verwaltung als Teilrente zu behalten. Dieses geschah etwa in einigen Gebieten, als sich der Beginn einer umfassenden Bodenreform abzeichnete. Gerade das Vaqf als traditionelle, im islamischen Recht und auch iranischem Zivilrecht abgesicherte Eigentumsform war somit ein wesentliches Hemmnis für eine konsequente Bodenreform, da es nicht verkauft werden durfte.

Als zum Beispiel der Schah 1951 den Verkauf der etwa 2000 Dörfer der Pahlavi-Stiftung an die Bauern durchführte, war es gerade der Stiftungsverwalter von Zangiabad, der eine Antastung der Stiftungen in einem Zeitungsbericht als Verrat am Islam anprangerte. Er zog aus den umfangreichen, von ihm verwalteten Stiftungen in Fars erhebliche Profite und hatte seinerzeit als Parlamentsabgeordneter auch großen politischen Einfluß. Außer Landbesitz konnten auch andere traditionelle Kapitalanlagen wie Qanate, Karavanserais oder städtische Liegenschaften zu Stiftungen erklärt werden, mit denen u. a. die Instandhaltung und laufenden Kosten von religiösen Schreinen, Moscheen, religiösen Schulen oder die Durchführung von religiösen Festspielen finanziert wurde. Es gab aber auch Stiftungsdörfer für hochmoderne Krankenhäuser. Meist war die höhere islamische Geistlichkeit direkt als Stiftungsverwaltung tätig und bestritt dadurch ihren Aufwand, oft wurde die Bewirtschaftung aber auch über Zwischenpächter durchgeführt.

Aus diesen Gründen wird verständlich, daß die Geistlichkeit sich in die Opposition der Großgrundbesitzer und Stammesführer gegen die Bodenreform einreihte und im Frühjahr 1963 an den inneren Unruhen im Lande nicht unbeteiligt war. — Gerade um die heiligen Städte der Schiiten in Iran, Mashhad und Ghom, gab es ausgedehntes Stiftungsland, ebenfalls in der Flußoase der alten Hauptstadt Esfahan zur Unterhaltung der dortigen Moscheen und religiösen Einrichtungen.

3.6 Sozialer Wandel seit der Bodenreform

Es konnte angedeutet werden, daß sich die agrarwirtschaftlichen Verhältnisse und allgemeinen Lebensbedingungen in Zangiabad seit 1962 deutlich verbessert haben. Vieles hat sich gewandelt, aber nicht alle sozialen Probleme wurden gelöst.

Neue feste Gebäude für die Genossenschaft, Schule, Moschee und das öffentliche Badehaus vor dem Dorftor und vereinzelnd auch modernisierte Wohnhäuser im dichtbebauten Dorfkern dokumentieren den Fortschritt. Das Dorf hat eine Trinkwasserversorgung und sogar seit 1970 elektrischen Strom, der langsam die traditionellen Lebensgewohnheiten zu verändern beginnt. 1970 verfügten 85% der Haushalte über ein Radiogerät, 24% hatten schon Fahrräder und 12% eine eigene Nähmaschine.

Dieses sind aufschlußreiche Daten für einen erhöhten Lebensstandard und gesteigerte Mobilität und Kommunikation, die vorher unbekannt waren (vgl. Tab. 1). Alle Neuerungen, die in kürzester Zeit von außen auf die überkommene dörfliche Sozialordnung einwirkten, hatten unterschiedliche Barrieren bei der Bevölkerung zu überwinden. Hier sei nur auf die Befolgung der Schulpflicht für Mädchen verwiesen oder die Annahme des kostenlosen staatlichen Gesundheitsdienstes, der das Dorf einmal die Woche aufsucht.

Wie leicht und schwer zugleich eine für den Entwicklungsprozeß oft entscheidende Verhaltensänderung der betroffenen Menschen erreicht werden kann, sei abschließend durch zwei Beispiele aus der Brotversorgung umrissen: In flachen Fladen auf hauseigenen Backöfen gebackenes Weizenbrot ist in Iran Grundnahrungsmittel. 1970 bezogen in Zangiabad aber bereits 18% der Haushalte ihr Brot von einem Bäcker. — 1967 mißlang der Versuch der Genossenschaft, Saatgut des sogenannten Mexikanischen Weizens als High Yield Variety zu verbreiten, da sich der neue Weizen im traditionellen Backverfahren auf einer Eisenplatte weniger backfähig erwies, anders schmeckte und zudem auch nicht die erhofften Wundererträge brachte.

Man hatte die Bauern nicht darauf hingewiesen, daß diese neue Zuchtsaat einen erheblichen Mehrbedarf an Wasser, Düngemittel und Schädlingsbekämpfung erfordert. Im folgenden Jahr nahmen die Bauern wieder das herkömmliche Saatgut und künftige Maßnahmen auf diesem Gebiet werden es nach diesem Rückschlag schwer haben, sich bei den Bauern durchzusetzen.

Fallstudie 2:

4. Gelenkter Wandel durch landwirtschaftliche Ausbildungsförderung

Beispiel: Der Lehr- und Demonstrationsbetrieb Aliabad, ein Projekt der deutschen Entwicklungshilfe

4.1 Ausbildungsförderung als Entwicklungsfaktor

Als man Anfang der 60er Jahre in Iran die Bodenreform in Angriff nahm, war man sich wohl nicht in vollem Umfang über die im genossenschaftlichen Bereich und im landwirtschaftlichen Beratungswesen erforderlichen flankierenden Investitionen und Maßnahmen im klaren. Rückblickend muß festgestellt werden, daß alle anerkennenswerten Maßnahmen verschiedener Regierungsstellen, u. a. auch die Schaffung der „Armee für Entwicklung", neue Möglichkeiten im Agrarkredit u. a., nicht zur Herausbildung eines selbständigen, freien Kleinbauerntums in Iran ausreichten. Die Hilfe zur Selbsthilfe und Förderung des Genossenschaftsgedankens, die vor der Umorientierung der Agrarpolitik um 1968 im Mittelpunkt standen, konnten sich in der kurzen Zeit nach der Reform noch nicht voll entwickeln. Mit der Zerschlagung des Großgrundbesitzes alleine konnte eine Modernisierung der Landwirtschaft noch nicht erreicht werden. Die Bodenbesitzreform ist nur ein, wenn auch wichtiger Faktor einer erfolgreichen Agrarreform. Im folgenden sollen an einem Beispiel die Schwierigkeiten angedeutet werden, in kurzer Zeit Neuerungen im agrartechnischen und auch organisatorischen Rahmen in einem von jahrhundertealten Traditionen bestimmten Umfeld durchzusetzen. Kollektive Demonstrationsversuche wie Muster- bzw. Versuchsfelder, Anlage von Mustergütern als Instrumente der landwirtschaftlichen Beratungspraxis haben sich zwar in westlichen Ländern und den heutigen Entwicklungsländern vielfältig bewährt, waren jedoch nicht automatisch erfolgreich. Kenntnisnahme von einem neuen Saatgut etwa, das zeigte der Mexikanische Weizen in Zangiabad, bedeuten noch keine unmittelbare Annahme.

Der folgende Abschnitt behandelt den Versuch, die Wahrnehmung, Adoption und Ausbreitung von Neuerungen im agrarkulturellen, agrartechnischen und betriebswirtschaftlichen Bereich durch eine moderne, praxisorientierte landwirtschaftliche Berufsausbildung eines ausgewählten Personenkreises zu fördern, der dann weiteren Wandel bewirken sollte. Gleichzeitig können einige generelle Probleme von Entwicklungshilfemaßnahmen im Agrarsektor angedeutet werden.

4.2 Deutsche technische Hilfe für die iranische Landwirtschaft

Bei dem landwirtschaftlichen Lehr- und Versuchsbetrieb Aliabad nördlich von Shiraz handelt es sich um ein älteres Projekt der deutschen Entwicklungshilfe, das sich seinerzeit sehr gut in die iranische Situation nach der Bodenreform einfügte und erfolgreiche deutsche Hilfe auf dem Gebiet der Gewerbeschulen in Teheran und anderen iranischen Provinzhauptstädten nun im Ausbildungssektor auch auf ländliche Räume ausdehnte.

Man sollte nicht übersehen, daß mit deutscher Hilfe im Iran 1960 ferner ein Pflanzenschutzinstitut mit mehreren Zweigstellen errichtet und der landwirtschaftlichen Hochschule in Karadj bei Teheran zugeordnet wurde. Außerdem rückten in vielen landwirtschaftlichen Regierungsstellen und landwirtschaftlichen Fakultäten Beamte ein, die in Deutschland studiert hatten und beispielsweise an der Konzeption und Entwicklung des iranischen Genossenschaftswesens maßgeblich beteiligt waren. Es bleibt allerdings fraglich, ob sie in deutschen Universitäten im Hinblick auf die sie in ihrer Heimat erwartenden Probleme immer entsprechend ausgebildet wurden. Als weitere Maßnahme der technischen Hilfe der Bundesrepublik Deutschland in Iran im agraren Sektor muß ein Produktionsmittellieferungsprojekt im Umfang von 5 Mill. DM erwähnt werden, das 1968—72 im Getreide-Zuckerrübenanbaugebiet um Zangiabad und Marvdasht durch die Entsendung von Beratern und die Lieferung von Landmaschinen den Mechanisierungsgrad soweit fördern sollte, daß er selbständig weiterentwickelt, wobei auch Exportinteressen deutscher Herstellerfirmen an dem rasch expandierenden iranischen Markt nach der Gründung des rumänischen Traktorenwerkes in Tabriz 1969 (Jahreskapazität 5000 65 PS-Schlepper) mitspielten.

In diesem Zusammenhang muß schließlich auf die maßgebliche deutsche Hilfe bei der Planung einer in Unterrichtssprache, Lehrplan und der Abordnung von Lehrkräften weitgehend deutsch orientierten Universität in Rasht am Kaspischen Meer hingewiesen werden. Von der ab 1977 mit Priorität ausgebauten Landwirtschaftlichen Fakultät werden bedeutende Impulse zur Agrarentwicklung der nordpersischen Provinz Gilan erwartet.

Am 4. Februar 1960 wurde zwischen der Bundesrepublik Deutschland und dem Kaiserreich Iran in Ausführung des Vertrages vom 4. November 1954 über wirtschaftliche und technische Zusammenarbeit ein Abkommen über die gemeinsame Errichtung eines landwirtschaftlichen Lehr- und Demonstrationsbetriebes in Iran geschlossen, der nach Artikel 3 folgende Aufgaben haben sollte: a) Einrichtung von Einzelbetrieben, in denen die unterschiedliche Intensität herkömmlicher und fortschrittlicher Anbau- und Wirtschaftsmethoden dargestellt werden; b) Ausbildung junger iranischer Landwirte in zweijährigen Lehrgängen in neuzeitlichen Landbaumethoden, insbesondere auf den Gebieten des Acker- und Pflanzenbaus, der Bewässerung, der Viehhaltung, der Landtechnik, der Betriebswirtschaft und der Veredlungswirtschaft; c) Ausbildung iranischer Landwirte in kurzfristigen Lehrgängen insbesondere über die Bekämpfung von Pflanzenkrankheiten und -schädlingen, Tierkrankheiten und -seuchen, über Wasserversorgung, genossenschaftlichen Einsatz von Landmaschinen und Geräten sowie über Wirtschaftsführung. Die iranische Regierung übernahm vertragsgemäß die laufenden Kosten für den Betrieb und die Instandhaltung des Lehrbetriebes.

4.3 Das deutsche Projekt Aliabad

Während die iranische Regierung ferner als Leistungen die Beschaffung der für die Errichtung des Lehrbetriebes erforderlichen Grundstücke und Gebäude mit Zubehör sowie alle erforderlichen Fach- und Hilfskräfte einschließlich des Verwaltungspersonals stellen und für angemessene Wohnhäuser für die deutschen Lehr- und Fachkräfte sorgen mußte, verpflichtete sich die Bundesrepublik Deutschland, auf ihre Kosten eine angemessene Anzahl iranischer Staatsangehöriger, die später als Lehrkräfte für den Lehrbetrieb vorgesehen waren, in der Bundesrepublik Deutschland ausbilden zu lassen und den Leiter und deutsches Lehr- und Fachpersonal für eine begrenzte Zeit nach Iran zu senden. Die gesamte Ausrüstung des Betriebes mit Maschinen, Werkzeugen, landwirtschaftlichen Maschinen und Lehr- und Anschauungsmitteln wurde von der Bundesrepublik Deutschland geliefert.

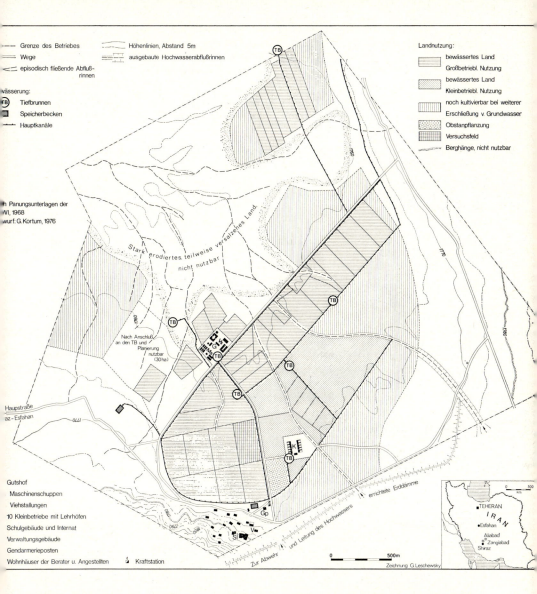

Abb. 2 Das mit deutscher Entwicklungshilfe errichtete Lehr- und Demonstrationsgut Aliabad — ein Beispiel für Neulanderschließung im Nomadenland (zu Fallstudie 2)

Nach längeren Vorverhandlungen mußte der heutige Standort in einem abgelegenen Hochtal des Zagrosgebirges etwa 120 km nördlich von Shiraz, der Provinzhauptstadt von Fars, akzeptiert werden. Damit liegt Aliabad im gleichen bäuerlich-nomadischen Lebensraum wie das 60 km entfernte Beispieldorf Zangiabad. Die klimaökologischen Bedingungen sind ähnlich. Der Bezirk Kamin ist aber recht dünn besiedelt und gehörte bis in die jüngste Zeit zum Sommerweidegebiet der Khamseh-Nomaden, die anfangs sogar versuchten, die Errichtung des Betriebes zu verhindern. Durch diese Standortwahl außerhalb der Hauptbewässerungsgebiete und sogar abseits der Hauptstraße nach Esfahan wurde der beabsichtige Demonstrationserfolg von Beginn an sehr eingeschränkt, ein Fehler, der allerdings nicht zu deutschen Lasten geht. Spätere amerikanische und französische Parallelprojekte in Karadj, Veramin (beide bei Teheran) und Ahwaz sowie in der Oase von Esfahan hatten hierbei mehr Erfolg. — Grundgedanke des ab 1963 errichteten und 1968 an das iranische Landwirtschaftsministerium übergebenen Projektes war das Vorbild deutscher Ackerbauschulen, die sich nach 1820 in Deutschland bildeten und, verbunden mit Mustergutsbetrieben, großen Einfluß auf die landwirtschaftliche Entwicklung Deutschlands hatten. Später wurden aus ihnen die höheren Landbau- bzw. Landwirtschaftsschulen.

Kern des 1 020 ha großen Betriebes (Abb. 2) ist ein größeres Schulungsgebäude mit angeschlossenem Internat für die 60 in jedem Jahr aufgenommenen jungen Lehrlinge, die im ersten Jahr ihrer zweijährigen Ausbildung in verschiedenen Arbeitsgruppen in Theorie und Praxis in Methoden der Bodenbearbeitung, Düngung, Schädlingsbekämpfung, Bewässerung und Maschineneinsatz unterwiesen werden. In einem 5 ha großen Obstgarten und auf einem größeren Versuchsfeld wurden Züchtungs-, Bewässerungs- und Anbauversuche demonstriert.

Wie alle Versuchsgüter, die neueren landwirtschaftlichen Aktiengesellschaften und agroindustriellen Betriebe in Iran ist Aliabad von der Konzeption her iranischen Wünschen entsprechend mit sehr hohem Kapitalaufwand vollmechanisiert. Einerseits haben dadurch die Lehrlinge wohl den Vorteil, sich mit modernen Bewirtschaftungsmethoden und im Umgang mit Maschinen vertraut zu machen, andererseits bestand aber kaum Aussicht, diese Verfahren auf die väterlichen Kleinbetriebe, die sie später einmal übernehmen sollten, anzuwenden. Obwohl allein in Fars durch die erste Phase der Bodenreform nach 1962—1966 die Aufteilung des Großgrundbesitzes in 901 Dörfern an 26 639 Familien erfolgen konnte (Iran: 3033 Dörfer an 432 000 Familien), hatte man in Aliabad anfangs Schwierigkeiten bei der Auswahl von geeigneten Bewerbern. Man mußte ebenfalls feststellen, daß ein Teil der erfolgreichen Absolventen mit einem schriftlichen Zeugnis in städtische Berufszweige abwanderte. Vom Ansatz und Adressatenkreis her war Aliabad aber ein sinnvoller Beitrag zur staatlichen Entwicklungskonzeption, die durch die Reform entstandenen Neubauernbetriebe zu stärken.

Der deutsche Musterbetrieb, von dem man sich zumindest regional eine große Breitenwirkung erhofft hatte, mußte aus dem Nichts aufgebaut werden: Die rund 1760 m hoch gelegene, leicht abfallende Fläche zwischen zwei Bergzügen mußte durch die kostenaufwendige Bohrung von sechs Tiefbrunnen mit einer Gesamtleistung von 225 l/sec erst erschlossen werden. Die Niederschläge sind mit knapp 300 mm gering und fallen nur in einigen episodischen Starkregen im Winter, können dann aber sehr große Wirkung haben. Zum Hochwasserschutz der 1 060 ha großen Flur und der für Bewässerungszwecke planierten Felder wurden im Südosten große Erddämme aufgeschüttet, die dem abfließenden Regenwasser in einigen Rinnen den Abfluß durch die Bewässerungsfelder in das stark zerrunste, von versalzenen Böden eingenommene Gebiet gestatten, das landwirtschaftlich nicht nutzbar ist. Nur etwa 400 ha des Aliabad zugewiesenen Staatslandes sind bisher kultiviert, ein weiterer Teil wäre bei höherem Angebot von Bewässerungswasser noch anbaufähig.

Die Flur wird groß- und teilweise kleinbetrieblich genutzt. Um den „Gutshof", der aus Stallungen für Schafe, Geflügel und aus der Bundesrepublik Deutschland importierte und mit widerstandsfähigen heimischen Rassen gekreuzte Rinder besteht und ferner Speichergebäude, Maschinenhallen, sechs Arbeiterwohnhäuser und ein Badehaus umfaßt, wird nach modernsten Bewirtschaftungsmethoden hauptsächlich Weizen, Zuckerrüben und — als Grundlage der Viehhaltung — Luzerne angebaut. Wichtigstes Element des Projektes sind aber die zehn kleineren Lehrhöfe und das Genossenschaftshaus. Auf 5 ha großen Flächen, die etwa der durchschnittlichen Betriebsgröße der durch die Bodenreform begünstigten ehemaligen Teilpächter entsprechen, müssen jeweils Gruppen von fünf bis sechs Lehrlingen in ihrem zweiten Lehrjahr selbständig wirtschaften. Teilweise werden zwar unter Beratung und Kontrolle Saatgut und Anbau vorgeschrieben, aber über andere Flächen können die Gruppen nach eigenem Ermessen verfügen, müssen aber durch genaue Buchführung nachweisen, daß sie betriebswirtschaftlich denken und den Reinertrag, an dem sie durch Prämien beteiligt werden, berechnen können. Die Lehrhöfe, die aus einem Wohn- und Stallteil bestehen, arbeiten genossenschaftlich zusammen. Dieses sind Grundvoraussetzungen, um sich in den Heimatdörfern aus der überkommenen Subsistenzwirtschaft zu lösen und die eigenen Betriebe marktorientiert und selbständig zu führen, sofern hierfür ähnliche Bedingungen geschaffen werden.

Es liegt auf der Hand, daß die hohen Investitionen im Maschinenbesatz im traditionellen Sektor der Familienkleinbetriebe auch durch Verbesserung des Kredit- und Genossenschaftswesens vorerst für das ganze Land gesehen utopisch waren. Den Kleinbauern wäre mehr durch ein Programm der kleinen Schritte und Verbesserungen geholfen als durch die Übertragung von Ausbildungsmodellen aus hochentwickelten westlichen Industrieländern. Aliabad zeigt zwar demonstrativ die potentiellen Möglichkeiten einer modernen, mechanisierten Landwirtschaft auf dem iranischen Hochland, aber Haupthindernisse bei der Modernisierung bleiben die soziokulturellen Verhältnisse in den weit verstreuten Dörfern, die ländliche Überbevölkerung, die auch nach der Reform verbreitete Verschuldung, fehlende oder mangelnde Ausbildung und ein Mißtrauen in vom Staat durch Funktionäre und ausländische Berater verordnete Neuerungen, die oft das Endziel statt den Weg zur Modernisierung andeuten.

Fallstudie 3:
5. Agrarsoziale Entwicklung nach der Bodenbesitzreform
Beispiel: Aryamehr, die erste Landwirtschaftliche Aktiengesellschaft (LAG) Irans

5.1 Zur Standortwahl und Gründung

Die auf Abb. 3 am südlichen Kartenrand in unmittelbarer Nachbarschaft zu den antiken Ruinen von Persepolis verzeichnete Siedlung Aryamehr ist nicht wie das nur 5 km entfernte Dorf Zangiabad eine ältere ländliche Siedlung im seit Jahrtausenden bewässerten und besiedelten Bereich der teilweise sehr fruchtbaren Marvdasht-Ebene, sondern eine mit modernen Baumaterialien 1968 errichtete planmäßige Neugründung, die nach dem offiziellen Beinamen des Shahs von Iran „Aryamehr" (d. h. „Sonne Irans") benannt wurde. Es handelt sich hierbei um die erste der in einem fünfjährigen Großprojekt in Iran geplanten 100 Landwirtschaftlichen Aktiengesellschaften (im folgenden LAG), die nach einem am 17. Januar 1968 erlassenen Gesetz die agrarstrukturellen und agrarsozialen Gegebenheiten, die sich als Ergebnis der Durchführung der Bodenbesitzreform seit 1962 in teilweise unerwarteten und ungünstigen Strukturen ergeben hatten, weiterentwickeln sollten. Obwohl bis 1974 insgesamt 65 LAGs in Iran mit einer Gesamtbevölkerung von 196 366 Personen und einer Anbaufläche von 232 000 ha gegründet wurden, die über 300 Dörfer umfaßten, wird allerdings gegenwärtig in Iran eine aktive Agrarpolitik mit teilweise anderen Prioritäten verfolgt, auf die noch kurz eingegangen werden muß, um dem Eindruck entgegenzutreten, daß nach der Bodenreform in Iran alle Strukturprobleme des ländlichen Raumes beseitigt wären.

Das Beispiel Aryamehr ist nicht nur deshalb als Fallstudie besonders geeignet, weil es die erste Erprobung einer neuen, wiederum großbetrieblichen Agrarorganisation als Modell der Kollektivbewirtschaftung auf kapitalgesellschaftlicher Basis darstellt und — anknüpfend an die in Persepolis symbolisierte große geschichtliche Vergangenheit — die Entwicklungsfortschritte und den Aufbauwillen des heutigen Iran zahlreichen ausländischen Besuchern, die mehr die historische Vergangenheit suchen, nachhaltig vor Augen führt. Vielmehr gibt es gerade über Aryamehr recht zuverlässige, teilweise selbst nachgeprüfte Unterlagen und stehen die hier aufgezeigten Veränderungen bei vergleichbaren klimatischen und bodengeographischen Verhältnissen, gleicher Wasserversorgung, gleicher Bevölkerung und identischer großräumiger Lage an der Hauptasphaltstraße zum 65 km entfernten Provinzhauptort Shiraz in einen ausgeprägten Kontrast und teilweise Widerspruch zur ersten Fallstudie Zangiabad. Somit können bei gleichen Rahmenbedingungen der Spielraum möglicher Entwicklungstendenzen und die strukturelle Vielfalt der heutigen iranischen Landwirtschaft (genossenschaftlich organisiertes Kleinbauerntum, konsolidierte private Großbetriebe, LAGs sowie neuerdings verstärkt Agro-Business) zumindest teilweise erarbeitet werden. — Sicher stellte die Gründung der LAG Aryamehr den wichtigsten Wendepunkt für die Agrarentwicklung Irans seit der Verkündung der Bodenreform im Jahre 1962 dar.

19

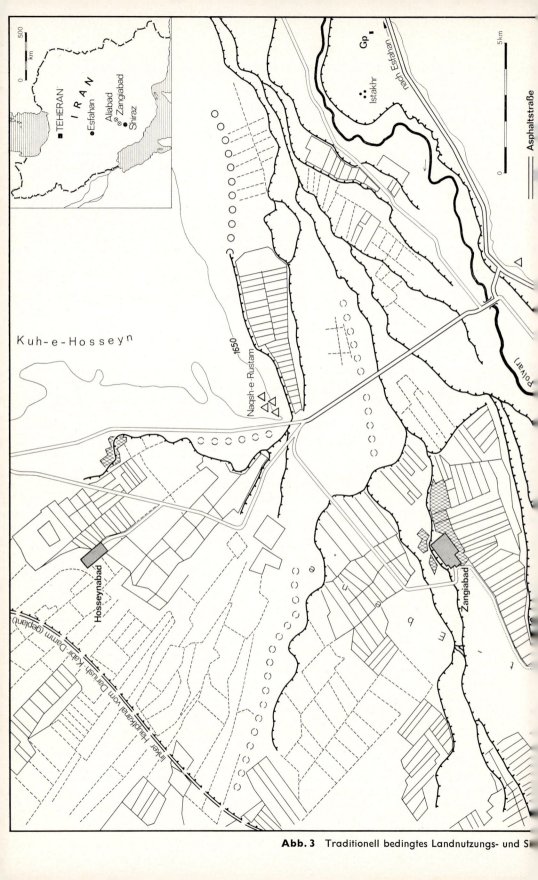

Abb. 3 Traditionell bedingtes Landnutzungs- und Si

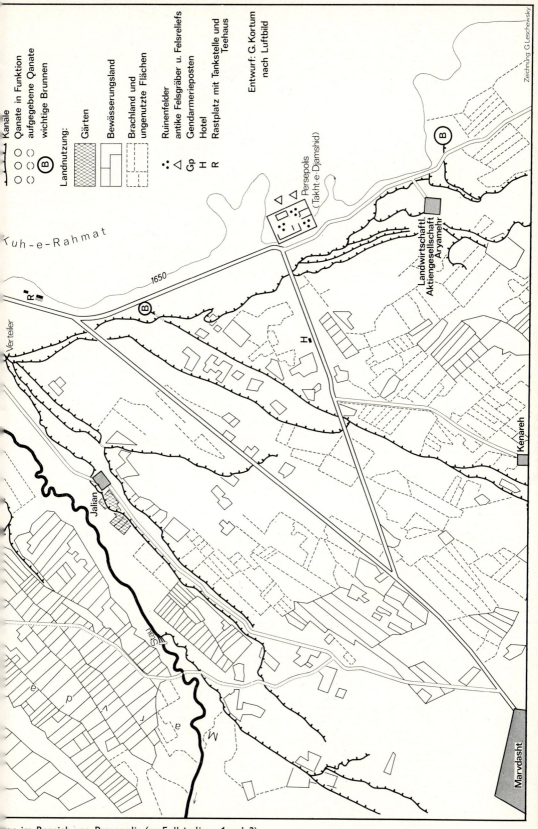

5.2 Zur Konzeption und Entwicklung der LAGs in Iran

Schon 1966 hatte Mohammad Reza Shah in seinem Buch: „Die soziale Revolution Irans" (S. 56) bei einer Bestandsaufnahme der Erfolge der Bodenbesitzreform die Unproduktivität und Kapitalarmut der Kleinbauern herausgestellt und schrieb:

„Um die Erträge der Kleingrundbesitzer und Bauern zu steigern, ist beabsichtigt, in Form von Kollektivs größere Produktionseinheiten unter der Bezeichnung ‚Landwirtschaftlicher Aktienverband' zu gründen. Mit Rücksicht auf die ständige Erweiterung der Industrie, die mit ihrer Werbekraft immer mehr Menschen vom Lande in die Industriezentren und Fabriken lockt, muß dafür gesorgt werden, daß sich größere landwirtschaftliche Produktionseinheiten bilden, die auf diese Masse eine soziale Anziehungskraft ausüben.

Die Landbesitzer und Bauern bilden dann einen landwirtschaftlichen Aktien- und Interessenverband, in den Land eingebracht werden kann, das seinem Produktionswert entsprechend in Aktien umgewandelt wird. Die anteiligen Bauern erhalten außerdem für Überproduktion und Mehrarbeit Sonderaktien, das heißt, sie bekommen zusätzlich zu ihren Landaktien auch noch Aktien für ihre außergewöhnlichen Leistungen. Auf diese Art und Weise wird bewirkt, daß durch Vererbung, Verkauf oder Kauf ein Land nicht mehr aufgeteilt wird und daß es als landwirtschaftliche Einheit geschlossen erhalten bleibt.

Die Ländereien, die in einer solchen landwirtschaftlichen Kollektivgesellschaft zusammengefaßt werden, können 300, 400 oder 500 Hektar groß sein. Für Produktionseinheiten mit solcher Größenordnung lohnt sich jegliche Kapitalinvestition und auch jede Mechanisierung, die dem modernsten Agrarsystem entspricht. Die Banken, die für die Finanzierung solcher Großgesellschaften zuständig sind, sowie die Regierung, die hierfür besondere Mittel bereitstellt, können mit Rücksicht auf das hohe Sicherheitsangebot solchen Unternehmen auch entsprechend entgegenkommen. Das Resultat wird sein, daß jeder iranische Bauer größten Nutzen von seiner Arbeit und aus seinem Kapital ziehen kann. Nach seinem Tode wird seine Familie nicht heimatlos, und sein Landbesitz bleibt vor Zerfall und Niedergang verschont. Durch Gründung moderner zentraler Produktionseinheiten auf bäuerlicher Grundlage, durch eine geschickte Verwaltung und durch bessere Nutzung öffentlicher Quellen und menschlicher Energien wird sich die iranische Landwirtschaft vielmehr mit jedem Tage fortschrittlicher entwickeln und dabei ihr Wachstum als Segen auf das ganze Volk übertragen."

Diese politische Leitlinie mit ihren einschneidenden Folgen für die erst wenige Jahre zuvor zu Eigenland gekommenen Kleinbauern wurde dann 1967 vom Ministerium für Bodenreform und ländliches Genossenschaftswesen landesweit durchgeführt, allerdings zunächst als Großversuch.

Erst nach fünf Jahren sollte eine Auswertung der 100 geplanten Projekte über eine weitere Ausweitung dieser Betriebsform in Iran entscheiden, ein wohl für ein derart radikales Vorhaben zu kurzer Zeitraum. Vorher wurden zudem Beamte nach Israel zum Studium der Ideen, Arbeitsmethoden und Erfolge der Kibbuzim- und Moshav-Dörfer entsandt. Bis Ende 1969 wurden in Iran überwiegend in den agrarwirtschaftlich besser strukturierten westlichen Landesteilen 19 LAGs gegründet, wobei die Regierung die Vorauswahl unter den rund 55000 Dörfern traf und dann die Gründung der LAGs mit einer leicht erreichbaren einfachen Mehrheit der betroffenen Bauern erfolgen konnte.

Die nicht abstreitbaren Erfolge der LAGs beruhen zum Teil darauf, daß sie in den günstigen Bewässerungsgebieten als Musterprojekte mit erheblichen finanziellen Zuschüssen des Staates entstanden, dagegen kaum in den rückständigen Ostprovinzen (Khorassan, Kerman und Baluchestan), die einer staatlichen Förderung am meisten bedurften. Wegen auftretender Anfangsschwierigkeiten, besonders bei der Finanzierung, und nicht zuletzt einer gewissen Unruhe der Landbevölkerung mußte dann die Zahl der Neugründungen verringert werden: 1970 gab es nur fünf neue LAGs, 1971 bestanden bereits 27, im Frühjahr 1973 dann 43 LAGs.

Ihre Größe schwankte sehr und reichte von nur 80 Aktionären wie im Beispiel Aryamehr bis zu dem Großbetrieb von Shahabad bei Birjand mit 1246 Teilhabern. Eine vorläufige Bestandsaufnahme auf einer im Herbst 1971 in Shiraz durchgeführten Konferenz der in der Regel als Diplomlandwirt ausgebildeten und vom Staat eingesetzten und besoldeten LAG-Geschäftsführer ergab zwar u. a., daß die Anbaufläche von 19626 ha um 26,7% ausgeweitet werden konnte und bedeutende Produktionserhöhungen erzielt werden konnten, die teilweise auf Erhöhung der limitierenden Versorgung mit Bewässerungswasser von 10836 l/sec auf 14032 l/sec beruhen (so bei Weizen +74%, Gerste +60%, Zuckerrüben +60%, Sonnenblumen sogar +1047%), dennoch sollten diese schon auf eine Intensivierung und höherer Produktivität deutenden Zahlen nicht unbesehen als reine Erfolgsrechnung gesehen werden. Zwar erhöhte sich der

Lebensstandard und das jährliche Einkommen im Durchschnitt von 11214 Rl auf 48031 Rl bedeutend, aber meist gehen die erheblichen staatlichen Zuschüsse für Gründung, Mechanisierung, Wasserversorgung und Infrastruktur sowie für den laufenden Betrieb in Form von Gehältern für die leitenden Angestellten nicht in die Betriebsrechnung ein.

Es bleibt die viel geäußerte Frage, ob diese Aufwendungen in anderen Formen nicht zu einer besseren Breitenwirkung mit gleichem oder noch höherem Produktionsanstieg geführt hätten, ohne die breite landbesitzende Bauernbevölkerung in Unsicherheit über die weitere Zukunft zu lassen und ihren erst eben gefundenen Status innerhalb einer marktorientierten Produktion erneut radikal zu verändern. Als Ansatz zur Neuordnung des ländlichen Problemraumes hat die rasche Entwicklung der LAGs in Iran zudem eine große Zahl von Landarbeitern durch Übermechanisierung freigesetzt und die Landflucht in vielen Gebieten verstärkt.

Allerdings gab es gleichzeitig auch eine Entwicklung des nach der Bodenreform entstandenen kleinbäuerlich-genossenschaftlichen Sektors. Im Mai 1977 bestanden im Lande 147 Genossenschaftsunionen mit 2880 angeschlossenen Genossenschaften, die mit ihren Zweigstellen in rund 30000 ländlichen Siedlungen vertreten waren; aber es wurde am Beispiel von Zangiabad schon deutlich, daß sie sich nur selten zu echten Produktions- und Absatzgenossenschaften entwickelten und von den Bauern meist als Kreditinstitute gesehen wurden.

Zur besseren Bewertung dieser neuen durch die LAGs eingeleiteten Entwicklung in Iran soll im folgenden die Bildung, Organisation und Produktionsweise von Aryamehr detailliert behandelt werden, wobei allerdings anzumerken ist, daß die Verhältnisse nach den regionalen Gegebenheiten der natürlichen Ausstattung und der Wirtschafts- und Sozialstruktur durchaus sehr verschieden sind und nur bedingt Verallgemeinerungen zulassen.

5.3 Die sozioökonomische Lage im Gebiet der heutigen LAG vor ihrer Gründung

Die Wirtschaftsfläche der heutigen LAG ist durch Zusammenlegung von zwei unbesiedelten Flurteilen (Sharifabad und Aliabad; benannt nach hier ehemals bestehenden Dörfern) und der lemarkung des 1026 (1966) Einwohner zählenden Dorfes Shamsabad-e Takht entstanden. (Dieses sehr alte, schon von Reisenden des 17. Jh. beschriebene Dorf liegt außerhalb des Kartenausschnittes von Abb. 3, der im übrigen in diesem Bereich die Flureinteilung und Bewässerungskanäle vor der Bodenreform wiedergibt).

Die rund 1400 ha große Fläche gehörte vor 1962 19 Shirazer Grundbesitzern, die zwar noch Anteile an anderen Dörfern in Fars hatten, aber nicht dem meist beschriebenen Typ des iranischen Großgrundbesitzers vor der Bodenreform entsprachen. Die Gesamtfläche wurde von 80 Pächterfamilien aus Shamsabad-e Takht mit primitivem landwirtschaftlichen Gerät (Holzpflug, Handsichel u. a.) bewirtschaftet für einen Anteil an der sehr geringen Ernte, der hier aber mit 2/3 sehr günstig ausfiel. Nach allerdings unvollständigen Buchhaltungsunterlagen der damaligen Verwalter kann in den Jahren vor der Bodenreform mit einem Jahreseinkommen von nur DM 600,— gerechnet werden (die folgenden Angaben in DM beziehen sich auf den Wechselkurs von 1972).

Im Rahmen der ersten Phase der Bodenreform erhielten die 80 Teilpächter insgesamt 865 ha zu gleichen Teilen zugewiesen und mußten hierfür den Gesamtbetrag von DM 122879,— in 15 Jahresraten tilgen. In der folgenden zweiten Phase der Bodenreform konnten die Bauern die Restfläche von 535 ha auf 30 Jahre für zusammen jährlich DM 4791,— zupachten. Flächenmäßig standen sie sich damit günstiger als die Bauern im nahen Zangiabad, die nur über je 14 ha verfügten (vgl. Tab. 2).

Auch in Shamsabad-e Takht bestanden bäuerliche Zusammenschlüsse („Haratha") von jeweils vier Pachtbauern, um durch Zusammenlegung der Flächen und ihre gemeinschaftliche Bewirtschaftung eine bessere Ausnutzung der Wassermengen und begrenzten Kapital- und Kreditmöglichkeiten zu erreichen. Diese sehr alte Kleinkooperationsform, die von Regierungsseite als förderungswürdige traditionelle Struktur zugunsten von Genossenschaften zu lange ignoriert und erst im Mai 1977 bei einer Mindestgröße von 20 ha unter der Bezeichnung „Group Farming" besondere Vergünstigungen erhielt (so 50% der Investitionskosten für Bewässerung als zinsloses Darlehen), bestand aber nur bis zum letzten Wirtschaftsjahr vor der Gründung der LAG (1967/68), in dem rund 180 ha bewässerter Weizen, 24 ha Zuckerrüben sowie 180 ha unbewässerte Wintergerste angebaut wurden. Nur 15% der Gesamtfläche konnten mithin durch die vom Sivand-Fluß abzweigenden Kanäle (vgl. Abb. 3) und einen noch aus der Grundherrenzeit stammenden Flachbrunnen bewässert werden. In den Jahren zwischen 1962 bis 1968, also in dem Zeitraum von der Durchführung der Bodenreform bis zur Gründung der LAG, ließ sich das jährliche Familieneinkommen um rund 16% auf etwa DM 700,— steigern.

Noch im Jahr vor der LAG-Gründung (1967/68) konnten die noch nichts von den bevorstehenden, von der Regierung durchgesetzten Änderungen ahnenden Bauern durch freiwillige Umorganisation der Produktionsbedingungen ihre sozioökonomische Lage erheblich verändern. Man schloß sich zu Haratha mit je acht Mitgliedern zusammen und versuchte, mit Hilfe der örtlichen Kreditgenossenschaft durch den Bau von neuen Bewässerungspumpen das Angebot an Bewässerungswasser zu vergrößern, das jede wirtschaftliche und soziale Entwicklung einschränkte.

Obwohl jeder Bauernfamilie ein einjähriger Kredit von etwa DM 250,— zustand, reichten diese Mittel nicht aus und mußten die Motorpumpen mit hohen Zinsen teilweise auf Ratenzahlung installiert werden. Es wurden acht Brunnen gebohrt, zwei weitere Haratha stellten wegen der bevorstehenden LAG-Gründung und Unsicherheit über ihre Zukunft laufende Arbeiten ein. — 1967/68 wurden aber schon 466 ha (rund 1/3 der Gesamtfläche) bebaut. Dabei entfielen auf unbewässerte Gerste 172 ha, 208 ha auf bewässerten Weizen und 87 ha auf die Intensivkultur Zuckerrüben. 100 ha waren an Bauern aus Nachbardörfern verpachtet, 833 ha waren Brachland.

Auch die Methoden der Landbewirtschaftung hatten sich seit der Bodenreform durchgehend gewandelt: Pflügen und Eggen der Felder wurden durch Mietschlepper und die Getreideernte größtenteils durch Mietmähdrescher durchgeführt.

Außerhalb der Haratha blieb die weiterhin individuell betriebene Viehwirtschaft. Nur 1 500 Schafe und Ziegen von der etwa 2500 Stück umfassenden Dorfherde waren indes im Besitz der 80 Bauern, der Rest gehörte den 83 ebenfalls am Ort wohnenden landlosen Familien („Kushneshin").

Aus Bodennutzung und Viehhaltung und den relativ geringen Einnahmen aus Verpachtungen und der Teppichknüpferei wurde 1967/68 ein durchschnittliches Familienjahreseinkommen von immerhin schon 2 400,— DM erzielt; es schwankte allerdings je nach Bewässerungsmöglichkeiten und Anbaukulturen zwischen DM 1 800,— und — im günstigsten Fall — DM 2 900,—. Etwa ein Drittel des Aktivkapitals aller Haratha kann als Eigenkapital angesehen werden.

Das festungsartig mit einer hohen Lehmmauer umgebene Altdorf, in dessen Nachbarschaft nicht nur zahlreiche ältere Siedlungsspuren seit achämenidischer Zeit, sondern auch die weltbekannten Siedlungshügel Tall-e Bakun A und B aus dem Neolithikum (4. Jt. vor Chr.) auf seine sechstausendjährige landwirtschaftliche Inwertsetzung dieses Raumes deuten, hatte kurz vor der LAG-Gründung an öffentlichen Gebäuden eine Genossenschaft, eine vierklassige Grundschule, ein öffentliches Bad (Hamam) sowie eine bescheidene Moschee und wies zwei Schlachterläden und vier Lebensmittelgeschäfte für den täglichen Bedarf auf. Trinkwasser wurde aus einem entfernten Brunnen herbeigeschafft.

Soziologische Untersuchungen vor der Umwandlung in eine LAG ergaben, daß wegen starker Abwanderung nach Marvdasht und Shiraz 75% der Wohnbevölkerung unter 15 Jahre alt und nur 4% älter als 65 Jahre waren. Im Durchschnitt entfielen auf die 168 Familien sechs Personen, die innerhalb der Wehrdorfmauer in zweiräumigen, oft schlecht erhaltenen Lehmhütten wohnten. Schon 36% der Bevölkerung (51% der Männer, 20% der Frauen) waren schreib- und lesekundig, überwiegend allerdings der jüngeren Altersgruppe. Nur 14% hatten alle vier Klassen der Schule absolviert. Soziostrukturell wies nur die Schicht der 80 ehemaligen Teilpächter, der späteren Aktionäre der LAG, wegen seit alters her gleicher Nutzungsrechte eine gewisse Gleichförmigkeit auf, während unter den zahlenmäßig überwiegenden landlosen Khushneshin größere Unterschiede nach Status und Einkommen bestanden, je nachdem ob sie Pumpenbesitzer oder Geschäftsinhaber waren oder nur zeitweise beschäftigte Gelegenheitsarbeiter.

5.4 Zur Arbeitsorganisation und Produktivität der LAG Aryamehr und sozioökonomischen Stellung ihrer Aktionäre

Nach dem oben erwähnten Gesetz erbrachte eine Abstimmung der Bauern von Shamsabad-e Takht die erforderliche einfache Mehrheit zur Überführung ihrer Ländereien in eine LAG. Diese wurde Ende April 1968 offiziell gegründet und wenig später vom Ministerpräsidenten und Minister für Bodenreform und ländliches Genossenschaftswesen feierlich als Markstein der neuen Agrarpolitik eingeweiht. Bis heute ist diese LAG ein Prestigeobjekt geblieben, das Irans eigenen Weg zur Lösung seiner Agrarprobleme dokumentieren soll.

Die 80 Bauernfamilien übereigneten im Austausch gegen je 25 Aktien zu DM 50,— ihr Nutzungsrecht an die LAG. Diese Aktien sind nicht frei zu veräußern und bleiben in der Familie. Übertragung an dritte Personen bedarf der Genehmigung der LAG und des Ministeriums. In Aryamehr erhielten nur die Bauern Anteile an der LAG. Nach den einschlägigen Gesetzesbestimmungen konnten jedoch auch andere Landwirte beitreten, so etwa die „Barzegaran" (Eigentümer von Obstgärten und Pflanzungen) und die Besitzer von schon zum Zeitpunkt der Bodenreform mechanisierten Betrieben. Beide waren bekanntlich nicht von den Reformen betroffen. Ebenfalls konnten sich in vielen Fällen ehemalige Großgrundbesitzer mit Sondergenehmigungen anschließen und ihre konsolidierten Restländereien nach den Landabtretungen infolge der zweiten und dritten Phase der Bodenreform in die LAGs einbringen und hiermit über Aktienpakete nicht unbeträchtlichen Einfluß wiedererlangen. Nach der offiziellen Gründung wurde unverzüglich von staatlicher Seite mit dem Bau der neuen Siedlung begonnen.

Die 80 aus Betonfertigteilen und gebrannten Ziegeln gebauten neuen Wohnhäuser (je zwei Zimmer, Küche, Duschraum und Toilette) gruppieren sich verstreut um einen zentralen Rundplatz, der von einer Schule, einem Badehaus, einem Getreidelager, einer Werkstatt, einem Genossenschaftsladen, dem Verwaltungsgebäude der LAG, einer Krankenstation und Moschee sowie einer Teppichknüpfwerkstatt umrahmt wird. Diese Gebäude wurden im Gegensatz zu den innerhalb von 20 Jahren abzutragenden Wohnhäusern der Bauern der LAG mit verlorenen staatlichen Zuschüssen finanziert. Zudem erhielt die LAG Aryamehr bis Ende 1969 DM 347 530,— als fünfjährigen Kredit zu nur 4% Zinsen, der zu 68% in mittel- und langfristige Investitionen ging und zu 32% zur Deckung laufender Betriebsausgaben herangezogen wurde. Außerdem wird neben dem Geschäftsführer der LAG, der mit zwei aus den Reihen der Bauernaktionäre auf zwei Jahre gewählten Vorstandsmitgliedern die Geschicke der LAG bestimmt, noch ein Teil der 18 in der LAG mit Sonderaufgaben tätigen Personen (Buchhalter, Fahrer, Mechaniker u. a.) als Angestellte vom Staat bezahlt. Dieses gilt auch für die Lehrerin in dem Teppichknüpfzentrum, in dem über 12jährige Mädchen unterwiesen werden, die seit langer Zeit übliche Aufbesserung des Familieneinkommens durch Teppichknüpfen rationell und gewandelten Marktbedingungen entsprechend weiterzuentwickeln. Im Jahre nach der LAG-Gründung konnten bereits 41,4 m² hochwertige Teppiche mit einem Verkaufswert von DM 10 616,— hergestellt werden.

Zunächst wurde die Versorgung mit Bewässerungswasser von 60 l/sec auf 231 l/sec erweitert und zusätzlich drei Flachbrunnen sowie zwei Tiefbrunnen errichtet. Nur zwei der vorher von den Haratha gebauten Brunnen konnten übernommen werden, da das Wasser der übrigen zu salzhaltig war. Im Wirtschaftsjahr 1968/69 konnten mit 650 ha bereits 46% der Gesamtfläche bestellt werden. Damit wurde die Anbaufläche um 38% ausgeweitet. Ein Großteil entfiel hierbei auf bewässerte Flächen und Intensivkulturen.

Es wurden 400 ha Weizen, 50 ha Gerste (unbewässert), 150 ha Zuckerrüben, 30 ha Mohn und 10 ha Luzerne angebaut. Insgesamt 10 ha wurden als Obstgärten und Baumanpflanzungen ausgelegt. Für die Feldarbeiten standen der LAG zur Verfügung drei 65-PS-Traktoren, Pflüge, Eggen und Drillmaschinen sowie andere Bodenbearbeitungsgeräte, ferner ein Lkw, mehrere Anhänger sowie andere Fahrzeuge.

Die laufenden Geschäfte der LAG werden nach den allgemeinen Richtlinien der Generalversammlung aller Aktionäre von dem dreiköpfigen Vorstand durchgeführt. Der Geschäftsführer wird aus einem drei Personen umfassenden Vorschlag des Ministeriums in einer Hauptversammlung gewählt, die im Normalfall die Anwesenheit zumindest von 50% der Aktionäre erfordert. Sollte dieses Qorum nicht zustandekommen, wird erneut eine Hauptversammlung einberufen, die in jedem Fall beschlußfähig ist. Der Geschäftsführer wird wie zugeordnete Agrarexperten vom Staat besoldet. Die zwei weiteren Vorstandsmitglieder sowie zwei Inspektoren werden aus den Reihen der Aktionäre gewählt. Die Leitung der LAG kann über die von den Aktionären eingebrachten Ländereien und Gebäude verfügen und auch die den Aktionären weiterhin gehörenden Pflanzungen und Obstgärten überwachen, die weiterhin ausschließlich von diesen bewirtschaftet werden. Sie können zwangsweise gegen Aktieneintausch in die LAG eingegliedert werden. Auf der anderen Seite kann die LAG-Leitung nach den gesetzlichen Bestimmungen Aktionären mit Wohnsitz im Dorfe die persönliche Nutzung eines Privatgrundstückes bis 1000 m² in Hausnähe oder an anderem Orte gestatten. Der Vorstand bestimmt über Anbaukulturen, Kreditaufnahme, Investitionen und Arbeitseinteilung ebenso wie über Verpachtung von nicht von der LAG genutzten Ländereien. Die LAGs sollten ferner nach dem Gesetz durch ein agroindustrielles Arbeitsangebot und Infrastruktureinrichtungen als ländliche Entwicklungszentren in den Gebieten wirken, in denen sie nach Maßgabe von Regierungsentscheidungen errichtet wurden.

In den LAGs besteht kein Arbeitszwang für die Aktionäre. Lohnhöhe sowie Beschäftigungsdauer, die je nach Tätigkeiten und Jahreszeit durchaus unterschiedlich sind, werden vom Geschäftsführer festgesetzt. Insgesamt wurden im Jahr 1968/69 DM 66 675,— Löhne an die Mitglieder ausgezahlt. Mit den ausgeschütteten Dividenden des Reinerlöses des Unternehmens von DM 369 000,— kamen die LAG-Aktionäre auf ein Jahreseinkommen von DM 5 445,—. In bezug auf infrastrukturelle Versorgung, die auch eine staatliche Krankenversicherung einschließt, und Einkommen hat sich somit die Lage der Aktionäre gegenüber dem Stand vor der LAG-Gründung dank massiver staatlicher Unterstützung erheblich verbessert. Dieses soll maßgeblich dazu beigetragen haben, den Widerstand der vorher selbständigen Kleinbauern gegen die neue Organisationsform abzubauen.

Abgesehen von sozialpolitischen Bedenken, insbesondere in Hinblick auf die im Altdorf verbliebenen landlosen Khushneshin und den Verlust der freien unternehmerischen Tätigkeit der Bauern, sind alle offiziellen Erfolgsrechnungen insofern für eine kritische Bewertung der LAG wenig geeignet, als weder die fixen Kosten für Maschinen noch Personalkosten oder verlorene staatliche Zuschüsse in den unvollständigen Buchführungen erscheinen.

In der LAG Aryamehr ergab sich für 1968/69 ein Gesamtrohertrag von DM 659 695,—. Von dem Rohertrag der Feldbestellung (93,4%) entfielen dabei 47% auf Zuckerrüben, 36% auf Weizen, 13% auf Mohn, 3% auf Gerste und 1% auf Luzerne. 4,5% des Gesamtrohertrages wurde aus der Viehwirtschaft und 2,1% aus der Teppichproduktion und durch Lohndrusch mit dem gesellschaftseigenen Mähdrescher in Nachbardörfern erzielt.

Der Aufwand des Unternehmens in jenem Jahr betrug unter den oben gemachten Vorbehalten insgesamt DM 290 695,—. Dabei entfielen 25,7% auf Kosten der Bodennutzung (Bearbeitung, Saatgut, Düngermittel u. a.), 32% auf fixe und variable Kosten der Gebäude- und Maschinennutzung, 30% auf Löhne, 7,9% auf die Viehhaltung (Ankauf von 380 Mastschafen u. a.) sowie 4,4% auf Zinsendienst und andere Kosten. Mithin ergibt sich der schon angeführte Reinertrag von DM 369 000,—.

In den Folgejahren waren die Betriebsergebnisse ähnlich, allerdings wurde ein Teil des Reinertrages für Rücklagen herangezogen und nicht ausgeschüttet. Die Aktionäre arbeiteten nicht mehr alle in der LAG und mußten sich zur Abtragung der ihnen für DM 15 000,— überlassenen Wohnhäuser teilweise in Marvdasht Arbeit suchen. Die Geschäftsleitung war an einer weiteren Intensivierung (auch marktorientierter Anbau von Kartoffeln, Tomaten und Gurken zur Versorgung von Shiraz) und Rationalisierung interessiert und konnte sich hierbei auf Optimierungsrechnungen von Experten stützen, die aufgrund der bestehenden Wasserlimitierung und der Fläche nach Arbeitsaufwand, Produktionskosten, Erträgen für die jeweiligen Anbaukulturen und die Viehzucht erstellt wurden. Eine dieser Planungen ist in der nachfolgenden Tabelle berücksichtigt, die zusammenfassend aufgrund der bisher verfügbaren Daten dieser ersten iranischen LAG die sozioökonomischen Möglichkeiten dieser Betriebsart sehr optimistisch darstellt.

Tabelle 4 Intensivierung der Landwirtschaft und Einkommenserhöhung durch Bodenreform, Haratha-Kooperation und LAG-Gründung (Beispiel Shamsabad-eTakht/Aryamehr) 1 400 ha Gesamtfläche

	vor Bodenreform 1962	Durchschnitt 1962—67	1967/68 vor LAG-Gründung	1968/69 nach LAG-Gründung	Planung
bewässerte Fläche (ha)	260	204	295	600	549
unbewässerte Fläche (ha)	180	180	172	50	50
Anbaufläche (ha)	440	384	467	650	599
Anbaufläche in % (1968/69)	68	59	72	100	92
Familieneinkommen (DM) jährlich	600	700	2400	5445	8534
Familieneinkommen, jährlich in % von 1968/69	11	13	44	100	157

Quelle: SCHOWKATFARD/FARDI 1972, S. 133

5.5 Kritische Bewertung der LAG als für Iran angemessene kooperative landwirtschaftliche Organisationsform

Eine nüchterne Bestandsaufnahme der bisherigen Entwicklung der Landwirtschaftlichen Aktiengesellschaften in Iran muß zunächst ausgehen von den natürlichen und sozialen Verhältnissen des ländlichen Raumes, in dem sich günstige und auch ungünstige Folgeerscheinungen der erst vor sieben Jahren offiziell beendeten Bodenbesitzreform abzeichneten. Es war unter anderem erklärtes Ziel der Regierung, mit den LAGs die landwirtschaftlichen Nutzflächen auszudehnen, Grundlage für eine die Selbstversorgung mit Agrarerzeugnissen weitgehend sicherstellende moderne Landwirtschaft zu legen, der Besitzzersplitterung und Subsistenzwirtschaft im kleinbäuerlichen Bereich entgegenzuwirken, die Mechanisierung bei Vollbeschäftigung der Arbeitskräfte zu beschleunigen und generell die Einkommensverhältnisse und sozialen Bedingungen auf dem Lande zu erhöhen. Diese Richtziele finden sich allerdings auch schon in dem Genossenschaftsgesetz. Angesichts massiver staatlicher Unterstützung und Lenkung wurden sie auch wohl in den bisherigen LAGs erreicht. Von den ursprünglich weitergefaßten Zielen, bis zum Jahre 2000 nahezu die gesamte landwirtschaftliche Nutzfläche des Landes in rund 2000 LAGs mit je rund 9000 ha zusammenzufassen, ist man inzwischen abgekommen. Mit dieser Agrarpolitik wäre sicher — so Prof. Planck von der Universität Hohenheim als bester Kenner der agrarsozialen Problematik Irans — „ein wesentlicher Teil der sozialen Befreiungstat der Bodenreform ökonomischen Prinzipien wieder geopfert". Sicher haben die LAGs als großflächige Betriebseinheiten bessere Möglichkeiten zur rationellen Landnutzung und können auch Intensivkulturen oder neues Saatgut u. a. einsetzen. Sie haben ganz andere Möglichkeiten, überbetriebliche Investitionserfordernisse mit günstigen Krediten durchzuführen und die soziale Sicherheit und medizinische Betreuung ihrer Aktionäre zu gewährleisten.
Ausländische Experten beurteilen die LAGs als Modell für Iran dagegen meist sehr skeptisch oder lehnen sie aus einem mehr vom Genossenschaftsdenken geprägten Verständnis rundweg ab: Hiernach erlahmt bei zu Landarbeitern herabgesunkenen

Aktionären jedes Interesse. Eigeninitiativen werden gegenüber der staatlichen Bevormundung unterdrückt. Zudem verstärkt sich die soziale Kluft zwischen Aktionären und unbeteiligten landlosen Khushneshin, die schon bei den bisherigen Reformen leer ausgingen. Durch die Mechanisierung freigesetzte Arbeitskräfte können nicht abgefangen werden und nur in die schon jetzt unerträglich gewachsenen städtischen Agglomerationsräume abwandern. Die Bevormundung der Bauern hat ihre Furcht und ihr Mißtrauen gegenüber staatlichen Instanzen verstärkt, die in ihrer Meinung bisweilen für den alten Feudalherren vor der Reform an dessen Stelle gerückt sind. Die Rücksichtslosigkeit, mit der bestimmte LAGs durchgesetzt und die bäuerliche Selbständigkeit beseitigt wurde, hat anfangs oft zu Widerstand und danach zur Resignation geführt. Durch Umsiedlungen wird das erhöhte Einkommen durch Verschuldung teilweise wieder abgeschöpft, und zudem ist durch Aktientransaktionen wiederum eine Akkumulation von landwirtschaftlichem Besitz möglich. Besonders bei Intensivkulturen ist eine individuelle Bodennutzung bei der erforderlichen Pflege und Sorgfalt angebracht. Wegen der sehr hohen staatlichen Aufwendungen kann zwar eine Produktionssteigerung erzielt werden, aber keine Erhöhung des Volkseinkommens im ganzen. Kollektive Organisationsansätze sind in der iranischen Agrargeschichte nicht unbekannt, und die orientalische Langstreifenflur ist durchaus mit der in Europa teilweise bekannten Gewannflur gleichzusetzen, die letztlich auf gemeinsame Nutzungspraktiken zurückgeht. Gemeinsame Flurzusammenlegung und Feldbestellung, das jährliche Neuauslosen von Nutzungsparzellen und andere Praktiken vor der Bodenreform deuten ebenfalls in diese Richtung. Ob sich allerdings der mehr genossenschaftlich orientierte Weg auf der Basis eines sich selbst verwaltenden freien Bauerntums gegen die vielen staatlichen Versuche großbetrieblicher und rein kommerziell betriebener Agrarnutzung im schnellen sozioökonomischen Wandel Irans noch durchsetzen kann, bleibt letztlich angesichts einer fehlenden, klar formulierten Zukunftsperspektive durchaus fraglich.

Fallstudie 4:
6. Soziopolitische und wirtschaftliche Integration der Nomadenstämme
Beispiel: Die Qashqai in Fars

6.1 Die Bedeutung der Nomaden für die Geschichte und Wirtschaft des Landes

Die Provinz Fars zählt seit Jahrhunderten zu den wichtigsten Nomadengebieten des Landes. Die Fallstudien und der nähere Untersuchungsraum liegen im Bereich der erst 1865 mit Hilfe der derzeitigen Qadjaren-Dynastie und der Engländer von der Shirazer Händlerfamilie der Qavami zusammengeschlossenen Khamseh-Konföderation.

Sie besteht aus fünf ethnisch und sprachlich sehr unterschiedlichen Einzelstämmen, den schon in der Fallstudie Zangiabad erwähnten persisch sprechenden und 1960 in einer mustergültigen ethnologischen Studie von Barth untersuchten Basseri, den alten Turkstämmen Nafar, Baharlu und Ainalu sowie den Arab. Mit der Khamseh-Gründung wurden die Karawanenwege zum Persischen Golf gesichert und ein politisches Gegengewicht gegen die seit 1900 zunehmend erstarkte Qashqai-Konföderation geschaffen, die im Westen der Provinz Fars zwischen den Khamseh und den Bachtiyari, Boir Ahmadi und Mamassani die golfnahen Winterweiden und die hochgelegenen Sommerweiden im Zagros durch Weidewirtschaft nach dem System des Bergnomadismus nutzt (vgl. Abb. 1).

Bis auf die Basseri sind alle Khamseh-Stämme schon um die Jahrhundertwende in mehreren Schüben ohne äußeren Zwang massiv in ihren Weidearealen, an den Migrationsrouten und auch in Shiraz seßhaft geworden. Als seßhafte Ackerbauern verloren sie schnell ihre Stammesstruktur. In der Marvdasht-Ebene sind etwa 18% aller dortigen 356 ländlichen Siedlungen auf diese Weise entstanden. Vor 1900 war die Ebene noch Sommerweide der Nafar, und noch heute sprechen die Bauern in vielen Dörfern Turkdialekte.

In Zangiabad, in Marvdasht-Stadt und vielen Dörfern am Wanderweg zogen seit 1970 zahlreiche Basseri-Stammesleute zu. Ihre Khans kauften sich schon vor langer Zeit nördlich von Zangiabad Ländereien und gründeten Dörfer. Das Lehrgut Aliabad (Fallstudie 2) liegt in den Sommerweiden dieses Stammes. — Da die Khamseh-Konföderation ihre Stammesorganisation somit schon weitgehend verloren hat (1968: nur noch 7382 Familien, das sind 27% der Stammesbevölkerung von Fars), wird im folgenden deshalb unter Betonung einiger Entwicklungsprojekte näher auf die in Europa meist nur durch ihre kunstvollen Teppiche bekannten Qashqai (ausgesprochen „Gaschgai") eingegangen, die ihre Stammesstruktur und Lebensform bis heute noch teilweise bewahren konnten (vgl. auch Tab. 1).

Anfang des Jahrhunderts entfielen etwa 1/3 der damaligen Bevölkerung Irans von sieben Mill. auf das stammesmäßig organisierte Nomadentum. Es muß aber klargestellt werden, daß die Viehzucht in den Gebirgen Südwestasiens teilweise in transhumanten Formen auch von den Seßhaften betrieben wurde und es auch schon immer seßhafte, ackerbautreibende Stämme gegeben hat. Auch in Fars trieben die Nomaden zudem immer in geringem Umfang auch Ackerbau in den Sommer- und Winterweidegebieten. Der Übergang zur Seßhaftigkeit ist mithin nicht so einschneidend, wie man gemeinhin annimmt. Praktisch ergab sich bei den großen iranischen Nomadenverbänden aber eine Kopplung von soziopolitischer Stammesstruktur und wirtschaftlicher Spezialisierung auf Viehzucht.

In der Geschichte und Wirtschaft des Landes haben die Nomaden in Iran seit Jahrhunderten immer wieder eine bedeutende Rolle gespielt. Seit dem Einbruch der Mongolen im Mittelalter hatten alle in Iran herrschenden Dynastien wie die Ilkhaniden, Timuriden, Akqoyunlu, Safaviden, Afshar, Zand und schließlich die turkstämmigen Qadjaren (1789—1921) einen nomadischen Hintergrund, und Stammesleute stellten die militärischen Verbände. Die Bachtiyaren konnten seit ihrer Unterstützung der konstitutionellen Bewegung 1905 auch durch die zweite Heirat des Shahs mit Soraya, einer Khantochter, einigen Einfluß im modernen Iran bewahren. Die Abneigung der Qashqai gegen die Teheraner Regierung schlug sich dagegen nicht nur in der Unterstützung Mossadeghs in der Krise 1951, sondern in unzähligen Aufständen nieder. Der letzte wurde 1963 mit militärischen Mitteln niedergekämpft und entzündete sich an § 35 des Bodenreformgesetzes, der alle umfangreichen Ländereien des schon 1954 ins Zwangsexil geschickten Ilkhans einbezog. In den 30er Jahren ging zwar Reza Shah mit aller Schärfe gegen die Stammesgruppen vor, entwaffnete sie, stellte sie unter Militärverwaltung und zwang sie ohne begleitende Hilfsmaßnahmen bei Verbot weiterer Wanderungen zur Seßhaftwerdung, aber kurz nach seiner Abdankung 1941 entfaltete sich der Nomadismus wiederum aufs Neue.

Seitdem versuchte man, die freiwillige Ansiedlung zu fördern und leitete sogar neuerdings nach der Lösung des Problems der inneren Sicherheit vorsichtig und etwas zaghaft Entwicklungsmaßnahmen ein, die nicht mehr davon ausgingen, daß der Nomadismus als sozioökonomische Struktur anachronistisch und eines modernen Staatswesens unwürdig ist. Hierbei spielt die immer spürbarere Versorgungslücke mit Fleisch für eine immer mehr anwachsende und kaufkräftigere Stadtbevölkerung eine wichtige Rolle, die durch Vorurteile gegenüber den Viehzüchtern und folgende Vernachlässigung in der Entwicklungsplanung entstand. 1975/76 mußten allein 7,5 Mrd. Rl für Fleischimporte und weitere 4,5 Mrd. Rl für Vieheinfuhren aufgewendet werden. Langfristig wird mit nur einer 50%igen Inlandsdeckung auf diesem Sektor gerechnet.

Statistisch wurde die Existenz von Nomaden lange verschwiegen oder wie noch im Zensus von 1966 (nur 516 588 Nomaden) heruntergespielt. Zahlenangaben (auch in Tab. 5) sind nur sehr begrenzt zuverlässig. Die Integration dieser Randgruppen ist aber soweit fortgeschritten, daß das Land, in dem 1973 nur 17,5 Mill. von 34 Mill. persisch sprachen, sich zunehmend seiner ethnischen Komplexität und seines reichen kulturellen und folkloristischen Erbes bewußt werden kann und die Existenz von über zwei Millionen Nomaden bei einer Stammesbevölkerung von rund fünf Millionen zugibt.

In wirtschaftlicher Hinsicht ist der Beitrag der Nomaden zum Volkseinkommen schwer abzuschätzen, aber Mitte der 60er Jahre stellten ihre Herden von rund 15 Mill.

Stück Vieh (Schafe und Ziegen, dazu auch Rinder und Kamele) mehr als die Hälfte des gesamten Viehbesatzes. Felle und Häute sowie Wolle machten zudem 1/6 des iranischen Exports (ohne Öl) aus. Die Wolle ist ein Stützpfeiler für die Teppichproduktion als bedeutender Wirtschaftsfaktor.

Mitte der 60er Jahre ergaben Berechnungen, daß die Agrarproduktion durch Seßhaftmachung aller 375 000 Nomadenfamilien in Iran um 10% sinken würde. Auch von der Kostenseite verbot sich eine forcierte Ansiedlungspolitik: Geht man davon aus, daß einer Familie zumindest 4 ha Bewässerungsland (oder 8 ha Regenfelder) zur Verfügung stehen müssen, wäre die Anbaufläche um rund 1,3 Mill. ha auszuweiten, ein angesichts begrenzter landwirtschaftlicher Ressourcen in Iran illusorischer Wert. Bei minimal für eine Familie angenommenen Erschließungskosten von 1750 US-Dollar würde die Seßhaftwerdung insgesamt 650 Mill. US-Dollar Kosten verursachen, wobei die Errichtung von einfachen Häusern für die Nomaden (etwa 1000 Dollar pro Familie) weitere 375 Mill. erfordern würde. Beträge dieser Größenordnung waren in den Entwicklungsplänen jener Jahre aber für den gesamten Agrarsektor vorgesehen.

Versucht man einen kurzen Überblick über die Stämme Irans zu geben, sind zunächst der Sprache nach die iranische Dialekte und Sprachen sprechenden von den turksprachigen zu unterscheiden. Zu den ersten gehören die schon zu 90% seßhaften Kurden, die mit 3 500 000 in Kurdestan, West-Azerbaidjan, Kermanshahan, Teilen von Luristan, aber auch in Nord-Khorassan, Fars und Kerman vertreten sind und etwa 1/3 aller auf fünf Länder verteilten Kurden ausmachen. Sogar noch etwas größer ist die Zahl der Lurisprechenden, die etwa zur Hälfte in Dörfern und auch Städten in Luristan, Kuhgiluyeh, Fars, Khuzistan und im Bachtiyari-Gebiet seßhaft wurden. Die ebenfalls zur Hälfte seßhaften Baluchen (rund 600000) leben im Südosten des Landes. Außer den Bachtiyari (der Sprache nach Luren) sind noch kleinere Stämme aus Nordpersien zu nennen, die teilweise zu 100% seßhaft sind.

Die Qashqai gehören mit etwa 150000 Stammesleuten zu den wichtigsten Turkgruppen. Hierzu gehören ferner die überwiegend seßhaft gewordenen Turkmenen von Gorgan und Khorassan, die Shahsavan-Konföderation um das Sabalan-Gebirge bei Ardebil in Ost-Azerbaidjan sowie Teile der Khamseh in Fars. Andere Turkstämme wie die Afshar, Qajar, Bayat u. a. sind über das ganze Land verstreut und größtenteils assimiliert worden. — Außer dem Teilstamm Arab der Khamseh gibt es noch rund 400000 arabisch sprechende Stammesleute in Khuzistan und an der Golfküste.

Heute stellt sich das Stammesproblem in Iran weniger in der Befriedung der Stammesgebiete, der Brechung der großen Machtfülle der Khans oder der Unterdrückung separatistischer Tendenzen als in der wirtschaftlichen und sozialen Einbindung dieser kulturell und sozioökonomisch noch teilweise selbständigen Randgruppen in die dynamische Entwicklung eines modernisierten nationalen Systems. Der Rückgang des Nomadismus ist aber eine nicht mehr aufzuhaltende Entwicklung und die Stammesorganisation ist überall in Auflösung. Im Qashqai-Gebiet waren die Widerstände gegen Wandel und Neuerungen (vgl. Tab. 1) wohl am stärksten. Ihre Khans traten bis auf eine Ausnahme mehr als Oppositionelle denn als Innovatoren auf. Gerade hier aber setzten einige im folgenden näher ausgeführte, auf eine stärkere Integration hin zielende staatliche Entwicklungsversuche an.

6.2 Zur Geschichte und Entwicklung der Qashqai-Konföderation

Die Qashqai sind eine Nomadenkonföderation aus den in Tab. 4 näher aufgeführten fünf Stämmen Sheshboluki, Darrehshuri, Kashkuli Bozorg, Farsimadan und den Amaleh, wobei die letzte Gruppe („Arbeiter") als Hausstamm des Stammeschefs (Ilkhan) ursprünglich Leibwache und Exekutivorgan war, dann aber durch Assimilation von über 25 kleineren alten Stammessplittern, auch nichttürkischen, zu einer typischen, in sich keineswegs homogenen Stammeseinheit verschmolz, die von den Militärbehörden auch nach der Absetzung des Ilkhans beibehalten wurde.

Die Stämme (Taifeh) haben ihre angestammten, festumrissenen Sommer- und Winterweiden (Abb. 1, Tab. 5) und werden von Kalantars geführt. Sie untergliedern sich wiederum in insgesamt 244 kleinere Tireh unter der Führung von Kadkhodas, die etwa 60—80 Zelte bzw. Familien umfassen. Wirtschaftseinheiten sind die Beyleh, in denen sich 4—6 Familien (Khanevadeh) zu kooperativen Herdengemeinschaften zusammenschließen, die den Haratha im traditionellen Feldbau etwa entsprechen. Alle Taifeh und teilweise auch Tireh haben seßhafte und nomadisierende Sektionen und treiben auch Regenfeldbau.

Tabelle 5 Administrative Stammesgliederung und ausgewählte sozioökonomische Entwicklungsmerkmale der Qashqai-Nomadenkonföderation in Fars. (vgl. Abb. 1)

Einzelstämme (Taifeh)	1 Amaleh	2 Sheshboluki	3 Darrehshuri	4 Kashkuli Bozorg	5 Farsimadan	1—5 Qashqai
Untergliederung in Tireh	54	71	41	51	21	244
Größe d. Weidegebiete km²	17 500	10 100	3 800	4 000	3 500	38 900
Sommerweiden km²	4 800	4 200	1 800	1 500	1 500	13 800
Winterweiden km²	12 700	5 900	2 000	2 500	2 900	25 100
Entwicklung der Stammespopulation						
1916 Zahl der nomadischen und seßhaften Familien:	2 000	5 000	5 630	3 300	4 000	19 920
1945	15 580	7 600	8 070	3 310	2 170	36 730
1967	7 242	4 405	3 982	2 932	1 860	20 421
1972	7 751	4 896	6 510	4 379	2 082	25 618
Seßhaftwerdung						
Zahl der seßhaften Stammesfamilien 1972	2 829	1 010	2 430	1 467	664	8 400
Sedentarisationsrate (Ant. seßhafter Familie in %)	37	21	37	33	32	33
Gesamtzahl der Dörfer in Weidegebieten	294	80	172	160	102	808
Anteil von Neugründungen in d. Zeit 1900—1966 i. %	65	66	96	87	82	78
Ausbreitung der Zeltschulen bis 1967						
Zahl der seßhaften und nomadisch. Stammesleute 1967	35 428	21 444	20 328	15 470	10 384	103 054
Zahl der Zeltschulen	72	25	44	44	27	212
Zahl der Schüler	2 047	533	1 170	1 675	689	6 114
Zahl der Schülerinnen	344	137	227	319	120	1 147

Quellen: WILSON 1916, MAGEE 1948, OBERLING 1974, MARSDEN 1976; Ämter für Malariabekämpfung und Stammesschulen, eigene Untersuchungen

Die Qashqai stammen eigener Überlieferung zufolge aus dem Gebiet um Ardebil in Azerbaidjan. Teile von ihnen leiten sich von den Oghuz-Türken ab, die mit dem Mongoleneinfall im 13. Jahrhundert wie später nachfolgende Turkstämme aus Mittelasien nach Iran vordrangen. Zur Zeit von Shah Abbas (1587—1639) wurde dann der Stammvater der Ilkhan-Familie aus dem Shahilu-Clan mit der Oberaufsicht der schon in Fars weidenden Nomaden (u. a. auch der Farsimadan) betraut, und langsam bildete sich, besonders nach 1860, eine mächtige, zentralisierte Konföderation heraus, die auch Luren (Kashkuli Bozorg und viele Kleingruppen der Amaleh) einschloß. Stämme sind mithin politische, keine ethnischen Einheiten, die sich ständig umbilden. Viele alte Taifeh wie die Khaladj und Namadi verschwanden oder wurden assimiliert. In beiden Weltkriegen optierten die Qashqaikhans für die Deutschen. Unter Konsul Waßmuß bedrohten sie die Engländer in Bushiehr und bauten sogar 1942 mit Hilfe der deutschen Abwehr einen Feldflugplatz bei Farrashband. Bis zum Auszug ins amerikanische Exil war der letzte Ilkhan Nasr Khan Senator in Teheran. Seine Brüder waren Parlamentsabgeordnete für Firuzabad und Abadeh, kleinere Landstädte in Fars, die zur Versorgung und als Markt für das Winterweidegebiet sowie das halb so große Sommerweidegebiet eine große Rolle spielen.

Die Ilkhanfamilie und auch Kalantars besaßen teilweise bis zur Bodenreform ausgedehnten Landbesitz. Seit 1956 befindet sich der Stammesverband unter Aufsicht der Armee und Gendarmerie, die auch mit Verbindungsoffizieren die jährlichen Migrationen regeln.

6.3 Weidewirtschaft und Wanderungen

Der Wirtschafts- und Einflußraum der Qashqai umfaßt nicht nur die knapp 40000 km² ausgedehnten Weidegebiete, sondern auch die dichtbesiedelten Tallandschaften von Mittelfars, die sie auf topographisch vorgegebenen Zugrouten nach einem komplizierten Zeitplan zweimal jährlich durchwandern. Nach fünfmonatiger Winterweide auf den spärlichen Naturweiden in 300—1500 m Meereshöhe nahe der Golfküste ziehen die einzelnen Tireh und Taifeh ab Ende März in einer vierwöchigen Migration zum 300—500 km entfernten und 2200 m bis 3800 m hoch gelegenen Sommerweidegebiet, das ebenfalls sehr dünn besiedelt ist. Ende Oktober geht der Zug der Herden, Lasttiere (Kamele, Esel, Maultiere) und Stammesleute dann wieder zurück. Teilweise werden heute schon oft Lastkraftwagen verwendet, denn die Tiere verlieren bei der Wanderung erheblich an Gewicht, und besonders im Frühjahr können Kälterückfälle den neugeborenen Lämmern schaden. Von 60—100 Schafen und Ziegen kann eine Kernfamilie ein besseres Auskommen finden als ein Teilpächter mit etwa 4 ha Bewässerungsland vor der Bodenreform, aber der Nomade trägt ein weitaus größeres Risiko. In den häufigen Dürreperioden, so um 1967 und 1972, kann er bis zu 80% seines Viehs einbüßen, muß zudem zu den dann extrem niedrigen Preisen Vieh verkaufen oder, sofern er keine Rücklagen hat, zur Seßhaftigkeit übergehen. Aber auch im entgegengesetzten Fall kommt es bei Kapitalakkumulation nach mehreren Gunstjahren zur Ansiedlung auf neu erworbenem oder erschlossenem Land oder sogar, wie bei den Khans und Kalantars, in der Stadt, vorzugsweise Shiraz. Die Qashqai neigen sehr stark zur Überstockung ihrer Herden. Abgesehen von der Einschränkung ihres Weidefreiraums durch Neusiedlungen und Regenfeldbau im Gebirge bis zu 40%, und zwar in den günstigsten Weidegebieten, wird der Rest durch Überweidung ständig beeinträchtigt.

Die nur saisonal verfügbaren Naturweiden von Fars wurden 1972 von etwa 7 Mill. Schafen und Ziegen genutzt, können aber nur ca. 4 Mill. tragen. Der Überhang von 3 Mill. Tieren soll nach Regierungsplanungen auf stationäre Zufütterung umgestellt werden.

Der Bergnomadismus der Qashqai ist hervorragend an die natürlichen klima- und vegetationsökologischen Verhältnisse des Raumes angepaßt und nutzt extensiv marginale Naturweiden, die ackerbaulich ohnehin nicht oder langfristig sehr wenig genutzt werden können, sofern keine Brunnen dieses Gleichgewicht zwischen Seßhaften und Nomaden verschieben. Dürre- und Viehseuchen haben in der Vergangenheit zudem in zyklischen Wirtschaftsabläufen immer zu gewissen Regulierungen des Viehbestandes geführt und eine Überweidung verhindern können. Diese Bedingungen haben sich aber entscheidend gewandelt.

6.4 Seßhaftwerdung und Entwicklungsprojekte im Qashqai-Gebiet

Die Seßhaftwerdung von Nomaden ist im Untersuchungsraum ein sehr altes Phänomen. Alte Stämme wie die Mamassani wurden im 20. Jh. von erstarkenden oder nachrückenden Stammesgruppen zur Seßhaftigkeit gedrängt. Oft investierte ein Khan in die Landwirtschaft und ganze Tireh blieben in geschlossenen Siedlungen ansässig. Wie auch schon Tab. 5 zeigt, ist das Sedentarisationsverhalten der Qashqai-Stämme unterschiedlich. Im Durchschnitt sind etwa ein Drittel bereits seßhaft, sofern man amtlichen Statistiken vertraut. Aber auch mit siedlungsgenetischen Methoden kommt man zu größenordnungsmäßig ähnlichen Werten, wenn man einen Teil der Neugründungen unter Außerachtlassung der städtischen Seßhaftwerdung und der Ansiedlung entlang der Wanderwege (die ehemals bedeutender war) durch Siedlungsausbau ohne Seßhaftwerdung von Nomaden erklärt. Die Seßhaftwerdung verschob sich in den deutlich faßbaren Ansiedlungsschüben (um 1900, 30er Jahre, 1963—68, 1974—77) aus der schon dichtbesiedelten Mittelstufe in die Höhenstufe der Sommerweiden und in neuster Zeit wieder zurück in das Umland von Shiraz mit seinen vielseitigen Erwerbsmöglichkeiten und dynamischem Strukturwandel. Heute geht ein Großteil der Seßhaftwerdung mehr in die Städte als in den ohnehin übervölkerten ländlichen Raum.

Im gesamten Qashqai-Gebiet entfallen 19 Seßhaftwerdungsräume auf die weiterhin peripheren und straßenmäßig unerschlossenen Winterweidegebiete (so auch als Sonderfall im Erdölfeld Gachsaran bei den Darrehshuri), 19 auf die Zone der Wanderwege und 16 auf das sommerkühle Gebirgsgebiet, in dem die Ansiedlung aber nach Zahl der bis 1966 lokalisierbaren Neusiedlungen weitaus bedeutender ist. Im Gegensatz zu mehreren geplanten Ansiedlungen im Khamseh-Bereich verfolgte die Regierung gegenüber den Qashqai bis vor kurzem eine zurückhaltende und abwartende Politik. Man nahm nicht zu Unrecht an, daß der sich beschleunigende sozioökonomische Wandel des Landes das Problem mit der Zeit von selbst lösen würde und die Qashqai, auch die besonders an ihrer Lebensart festhaltenden Sheshboluki, durch wirtschaftlich attraktive Möglichkeiten freiwillig seßhaft würden. Gegenüber der Periode in den 30er Jahren gibt es im modernen Iran kein forciertes Sedentarisations- oder Enttribalisierungsprogramm. Die Entwicklungspläne übergingen die Viehwirtschaft in sträflicher Weise mit allen heute deutlichen Konsequenzen. Allerdings wurde Mitte der 60er Jahre im Ministerium für Wohnungsbau und Entwicklung eine Abteilung für Stammesentwicklung gegründet (Edareh Abadani Ashair), die 1968 schon über vier Regionalbüros in Luristan, Fars, Kurdestan und Baluchestan verfügte (weitere fünf Außenstellen waren geplant). Ihre Aufgabe beschränkte sich anfangs auf Erstellung von Plänen für den Vierten Entwicklungsplan sowie die Durchführung kleinerer Projekte. Allein in Fars wurden 109 Flach- und Tiefbrunnen gebohrt sowie in Kafdehak östlich von Shiraz in der Marvdasht-Ebene ein kooperatives Ansiedlungsprojekt für 50 Abdoljussefi-Familien der Khamseh durchgeführt (400 ha Anbaufläche).

1967 stellte die Bank Omran (Entwicklungsbank) und AID (Agency for International Development) 20 Mill. bzw. 10 Mill. Rl für die Errichtung des Qashqai Cooperative Livestock Feeding Demonstration Center bereit. Es wurde nahe dem Dorf Hosseinabad wenige Kilometer nördlich von Shiraz an einer Stelle errichtet, wo sich die Wanderungen nahezu aller Qashqai-Stämme in einem Talabschnitt überlagern. Dieser neuralgische Engpaß der Qashqai-Wanderungen war in seiner strategischen Bedeutung schon in den 30er Jahren zum Tragen gekommen. Hier ließen sich die Migrationen militärisch abstoppen. (Heute wird dieser Bereich teilweise von Hochhausbebauung und Elektronikindustrie, eingenommen). Das Zentrum umfaßte zwei riesige Notfutterlager aus Zuckerrübenblättern und -melasse, Baumwollkuchen, Alfalfa u. ä., die auch der Marktmästung für 2000 Stück Vieh dienen können. Kleinere Zentren wurden an sechs Orten im weidewirtschaftlich kritischeren Winterweidegebiet der Qashqai errichtet.

In ihnen erfolgt auch eine gewisse veterinärische Betreuung (Impfung) und Einkreuzung von neuen Rassen. Noch 1967 wurden 24 weitere Herdenkooperative bei den Qashqai mit 2600 Mitgliedern gegründet, die ihren Mitgliedern erstmals auch günstige einjährige Kredite (1967: 213 000 Dollar) verschafften. Vorher konnten Stammesleute nur mit der Hilfe eines seßhaften Bürgen öffentliche Gelder zu 12% Zinsen erhalten.

Dieses evolutionäre Modell wurde mit den Zeltschulen der Qashqai zu einer Tendenzwende und öffnete den von Städtern und Beamten verachteten und von den Bauern gefürchteten Qashqai den Weg einer sinnvollen Modernisierung im Rahmen ihrer eigenen soziokulturellen Traditionen und spezialisierten Fähigkeiten.

6.5 Mobile Zeltschulen und sozialer Wandel

Im September 1974 wurde der UNESCO-Preis für Verdienste im Kampf gegen das Analphabetentum dem Direktor für das Stammesschulwesen in Iran, Mohammad Bahmanbeghi, zuerkannt, einem Qashqai aus der Kadkhoda-Familie der zu den 54 Unterstämmen der Amaleh zählenden Bahmanbeghlu. Er wurde zusammen mit den Söhnen des Ilkhans erzogen und ist der einzige Vertreter der alten Stammesaristokratie und Qashqai-Führungselite, der aus kluger Einsicht und weiser Vorausschau dem Stammesverband nicht nur auf bildungs- sondern auch sozialpolitischem Gebiet neue Entwicklungsperspektiven öffnete. Die auf seine Initiative und jahrelangen Einsatz zurückgehenden, mit den Nomaden mitziehenden weißen Schulzelte finden sich heute auch bei den anderen Nomadengruppen. Sie symbolisieren den erfolgreichen Versuch der nationalen Integration der Stämme in ein sich modernisierendes Staatswesen. Dieses Entwicklungsmodell ist von vielen Stellen sehr anerkennend beurteilt worden.

Mitte der 50er Jahre waren noch etwa 75% der auf 400000 geschätzten Stammesbevölkerung von Fars weitgehend nomadisch. Rund 50000 Kinder waren im Grundschulalter. Hinzu kamen etwa 250000 erwachsene Analphabeten bei den Nomaden im Alter von 15–45 Jahren. Nicht zuletzt wegen ihrer mobilen Lebensweise entzogen sich die Stämme auch elementaren staatlichen Entwicklungsbemühungen. Es fehlte jede soziale Infrastruktur wie Krankenhäuser oder Schulen. Nur wenige ausgebaute Straßen erschlossen die Stammesgebiete. Die Zeltschulbewegung entstand aus den Bedürfnissen der Stämme selbst und wurde von ihnen selbst getragen. Erst nach den ersten durchschlagenden Erfolgen und der Annahme dieser Neuerung wurden die Zeltschulen der Qashqai offiziell als Elementarschulen anerkannt und ihre aus den Stämmen selbst rekrutierten Lehrer in den öffentlichen Dienst übernommen. Die Anfänge waren auch wegen der politischen Lage sehr schwierig und Mittel kaum vorhanden. Als erstes versicherte sich Bahmanbeghi der finanziellen und moralischen Unterstützung für seine Ideen bei den weiterhin einflußreichen Stammesführern und Stammesältesten. Die Kosten für Grundausstattung der Schuleinheiten beliefen sich seinerzeit auf nur 200 Dollar. Sie bestand aus dem Schul- und Toilettenzelt, tragbaren Tischen und einer Wandtafel, Schwamm, Bleistiften, Schulheften und (selbstverständlich persischsprachigen) Schulbüchern sowie einem Fußball und einer Volleyballausrüstung. Der Unterricht entsprach dem offiziellen Lehrplan für Elementarschulen. Die ersten 117 Lehrer mußten noch aus schon seit längerem in Shiraz ansessigen Stammesfamilien geworben werden, die in Koranschulen oder staatlichen Schulen ausgebildet waren und einen Sekundarabschluß hatten. Sie wurden 1953 nach der endlich vorliegenden Genehmigung des Erziehungsministeriums in dem ersten sechswöchigen Schnellkurs auf ihre zukünftige Tätigkeit vorbereitet und dann zu den Stämmen geschickt. Reguläre Lehrer aus dem städtischen Milieu mußten bald zurückgerufen werden, da sie sich nicht an die Lebensgewohnheiten der Qashqai anpassen konnten. Sehr bald wurden auch Mädchen in die Zeltschulen aufgenommen. Nach schon 1951 vorliegenden Plänen wurde in Shiraz ein Stammeslehrerbildungsseminar mit Internatsbetrieb (Tribal Teachers Training College) mit einem Jahresetat von 1,3 Mill. Rl. und 70 Ausbildungsplätzen errichtet. Bis 1958 wurden 447 Lehrer aus allen Stämmen der Qashqai ausgebildet, die 15000 Kinder unterrichteten.

Ein Viertel der sonst ständig mit den Stämmen ziehenden Schulen wurde aber schon in dieser ersten Entwicklungsphase stationär, sei es durch Seßhaftwerdung der von ihnen betreuten Gruppe oder als gelenkter Vorgriff, um die Seßhaftwerdung zu beschleunigen. Übergänge zu städtischen Schulen erwiesen im übrigen den hohen, oft besseren Ausbildungsstandard der Qashqai-Schulen. Später wurde ebenfalls in Shiraz eine Stammesoberschule (Tribal High School) hinzugefügt, gleichfalls mit angeschlossenem Internat. Viele Qashqai wechselten auf diesem Weg auf die Universität Shiraz über und gingen dann in leitende Stellungen in Industrie und auch Verwaltung.

Die je nach Stamm unterschiedlichen Auswirkungen der Zeltschulen bis 1967 gehen aus Tab. 5 hervor. Bis 1969 wurden insgesamt 1179 Lehrer für Zeltschulen ausgebildet, darunter auch 100 Frauen, die aber meist zu schon seßhaften Gruppen entsandt wurden. Vorzugsweise werden die ausgebildeten Stammeslehrer zu ihrem eigenen Tireh zurückgeschickt: Die Kashkuli Kutschek der Amaleh hatten etwa zehn Zeltschulen mit sieben Lehrern vom eigenen Tireh, dazu einen von den nah verwandten Kashkuli Bozorg und einen Mamassani-Luren, mit dem sie sprachlich und stammesmäßig ebenfalls weitläufig verwandt sind. Bald gab es in Fars 1400 Nomadenschulen.

Das Programm wurde Ende der 60er Jahre auch auf die anderen Nomadengebiete Irans übertragen, blieb aber mit seinen zentralen Einrichtungen in Shiraz.
Demgegenüber stehen natürlich auch starke Interessen der Zentralregierung an dem Stammeserziehungsprogramm: Nach einer offiziellen Verlautbarung sollte die Elementarschulbildung auch den Blick der Stämme soweit öffnen, daß sie die sozialen und wirtschaftlichen Vorteile der Seßhaftwerdung erkannten. Schulbildung sollte sich zudem nicht mehr auf die Führungsfamilien beschränken und somit indirekt deren fortwährenden Einfluß abbauen.

Der Gebrauch der persischen Sprache bei den turksprachigen Qashqai sollte das nationale Einheitsgefühl entwickeln und Liebe zum Vaterland erzeugen, die man ja älteren Qashqai-Generationen nicht immer nachsagen konnte. Durch das Zeltschulenprogramm sollten der Lebensstandard allgemein gehoben und die Stämme durch Aufnahme wissenschaftlicher Erkenntnisse in ihrer Wirtschaftskraft gestärkt werden. Sie sollten somit „zu nützlicheren und produktiveren Staatsbürgern" gemacht werden. Diese innenpolitischen Ziele sind indes im weiteren Verlauf in den Hintergrund getreten.

Immerhin wurden bald an 200 Zeltschulen auch erwachsene Qashqai unterrichtet. Kurse über moderne Viehhaltung und Viehzucht sowie Grundbegriffe einer marktbezogenen Produktion wurden durchgeführt und einfache Schriften zu diesen Themen verteilt. Alphabetisierte Qashqai erwiesen sich schneller bereit, Neuerungen aller Art anzunehmen.
Diese Bemühungen liefen parallel zu dem Aufbau einer mobilen Ambulanzversorgung und tierärztlichen Betreuung der Stammesgebiete. Das in sich weitgehend unabhängige, gegliederte Stammesschulwesen wurde Ende der 60er Jahre noch weiter ausgebaut: Eine Hauswirtschafts- und Berufsschule für Qashqai-Mädchen sollte die Integration dieser Gruppe ebenso fördern wie eine Teppichknüpfschule. 1975 lernten hier 80 Mädchen von älteren, mit den traditionellen Techniken und Mustern vertrauten Qashqaifrauen die bei den Stämmen immer gepflegte, aber im Zuge des modernen Wandels verlorengehende Kunst des Teppichknüpfens. Während der einjährigen Lehre konnten die Schülerinnen durch Knüpfen genug Geld ansparen, um das Startkapital für den ersten eigenen Teppich zu stellen.
In Zusammenarbeit mit den erwähnten Herdengenossenschaften wurde vom Amt für Stammeserziehung auch der Versuch gemacht, den ambulanten Zwischenhandel in den Stammesgebieten durch eine eigene mobile Ladenkette zu umgehen. Diese Behörde griff somit immer stärker und erfolgreicher in den Entwicklungsprozeß ein und konnte mit Hilfe der Plan Organisation, der Armee, der Universität Shiraz und mehrerer Wohlfahrtsorganisationen wesentlich die politische und sozioökonomische Integration der Nomaden fördern. In mancher Weise übernahm das Stammeserziehungsamt als Initiator und Träger mehrerer Folgeinnovationen die Funktion des Ilkhans, indem es gegenüber der Regierung die Bedürfnisse der Stämme artikulierte und somit als Vermittlungsstelle zum seßhaften Bereich allgemein auftrat.

6.6 Das Schlachthof- und Ansiedlungsprojekt Qassemabad

Im folgenden wird kurz ein Projekt beschrieben, das bei planmäßiger Durchführung sicher nicht nur für die verbleibenden Nomaden von Fars, sondern auch die anderen Stammesgebiete des Landes einschneidende Folgen haben wird.
Im Herbst 1972 wurde auf Anordnung des Shahs vom Ministerium für Landwirtschaft und natürliche Ressourcen ein 4,2 Mrd. Rl-Entwicklungsplan zur Sanierung und Förderung der Viehzucht in der Provinz Fars erarbeitet, der nicht nur die chronischen Engpässe in der Fleischversorgung des Landes beseitigen, sondern die gesamte bisher von den Stämmen betriebene Wanderviehwirtschaft umorganisieren sollte. Als Sofortmaßnahme sollten 3 Millionen Stück Vieh (von 7 Millionen) zum Schutz der extrem überweideten Naturweiden in den Sommer- und Winterweidegebieten

der Stämme aus der Produktion genommen bzw. auf stationäre Fütterung umgestellt werden. Im Bewässerungsgebiet des Dariush-Kabir-Dammes der Marvdasht-Ebene wurde im Bezirk Ramdjerd (vgl. Tab. 1 und Abb. 1) bei dem Dorf Qassemabad (rund 15 km westlich von Zangiabad, Fallstudie 1) mit einem Finanzaufwand von 17,3 Mill. US-Dollar (1,3 Mrd. Rl) ein viehindustrielles Großprojekt auf einer Fläche von 3,5 Mill. m² in Angriff genommen, das nach dreijähriger Anlaufzeit 1976 voll in Funktion sein sollte.

Die Fars Industrial Meat Co. umfaßt als Kern einen Großschlachthof für 1,3 Millionen Stück Vieh pro Jahr mit einer Tageskapazität von 4400 Tieren, einen Industriekomplex zur Verarbeitung tierischer Nebenprodukte wie Wolle, Häute, Knochen und Abfälle, ein großes Gefrierhaus mit einer Kapazität von 3000 t Hammelfleisch und eine neugegründete Stadt, die für die Ansiedlung von 1000 Nomadenfamilien (vorwiegend aus dem Qashqai-Bereich) geplant wurde. Die Grundsteinlegung erfolgte am 5.1.1973.

Dieser zentrale Schlachthof hat 20 Außenstellen in der ganzen Provinz und nimmt zu ständig gleichen staatlichen Garantiepreisen einen Großteil der Schafe der Nomaden, teilweise auch der seßhaften Bauern und Viehzüchter an.

Das Vieh wird von diesen Aufkaufstellen nach einer 20tägigen Mast mit den 70 betriebseigenen Lkws nach Qassemabad transportiert, um Gewichtsverluste durch Viehtrieb zu verhindern, und dort vor der Schlachtung nochmals gemästet. Der Schlachthof verfügt über eine Veterinärabteilung mit mobilen Einheiten, die die in der Vergangenheit oft verheerenden Viehseuchen (so noch 1972) verhindern und generell die Tierverluste minimieren sollen. Wegen der gegenwärtigen Überweidung sind viele Mutterschafe etwa beim Lammen zu schwach und verenden. In Sonderkursen werden die nomadischen Viehzüchter mit modernen Methoden der Viehzucht und Tierhygiene vertraut gemacht.

Sehr große Preisschwankungen haben bisher immer wieder eine optimale und rationelle Bewirtschaftung der immer mehr eingeschränkten Naturweiden verhindert. Bei geringen Marktpreisen neigten die Nomaden außer im Fall von extremen Trockenjahren nicht zum Verkauf und weideten die Tiere weiter, obwohl sie schon schlachtreif waren. Zudem wird die Schlachthoforganisation nun mit den Festpreisen die zahlreichen Viehzwischenhändler, oft schon seßhaft gewordene Stammesleute aus dem Umland von Shiraz, um ihr Geschäft bringen. Insgesamt wird der Markt reguliert und bleibt sicher zum Vorteil der Stämme überschaubar. Die saisonalen Schwankungen in der Anlieferung und in der Nachfrage können durch die Dauer der Endmast und besonders das Einfrieren der laufenden Produktion ausgeglichen werden.

Das staatlich gelenkte regionale Fleischkombinat von Qassemabad soll nach vollem Ausbau mit 60 5-t-Gefrierlastzügen das ganze Land versorgen. Neben 8 t Wolle werden 4000 Häute täglich industriell verarbeitet, aus dem Tierblut wird Protein und aus den Knochen Knochenmehl zur Beigabe für Mastfutter gewonnen. Sogar der Tierdung der Maststation wird verkauft. Auf den ersten Blick scheinen somit viele wirtschaftlichen Probleme der Qashqai durch eine ideale Vermarktung ihrer nicht für den Eigenbedarf dienenden Produktion (wie Wolle, Fleisch, Joghurt, Ziegenhaare für Zelte u. a.) gelöst. — In der mit allen schulischen, medizinischen und sozialen Infrastruktureinrichtungen geplanten Stadt sollte den sich hier ansiedelnden Nomaden ein Haus mit Elektrizität und fließend Wasser mit einem Grundstück von 1000 m² zur freien Nutzung überlassen werden. In den Gärten sollten sie Obstbäume anpflanzen. Sie sollten zunächst als ungelernte Arbeiter im Schlachthof und der angeschlossenen Industrie arbeiten und können sich durch Spezialkurse zum höher bezahlten Facharbeiter ausbilden lassen. Es wurde ausdrücklich betont, daß bei der Seßhaftwerdung kein Zwang ausgeübt werden sollte.

Man rechnete aber wegen vieler staatlicher Vergünstigungen mit einem starken Zuzugsinteresse, das sich bis zum Herbst 1977 aber noch kaum niedergeschlagen hatte. 1972 war man noch sehr optimistisch und beschrieb die erwarteten Ansiedler euphorisch — so in einem Teheraner offiziösen Zeitungsartikel — als „Pioniere, die eine neue Lebensart beginnen, die gesamte Stammesbevölkerung Irans zur Seßhaftwerdung ermuntern und sie schrittweise unter behutsamer staatlicher Lenkung zur kulturellen Assimilation" und damit Integration führen werden. Die Erfolge und Auswirkungen dieses Projektes auf die Wirtschafts- und Sozialstruktur der Qashqai sind noch nicht exakt zu übersehen. Die staatliche Monopolisierung birgt außer Vorteilen auch leicht verständliche Nachteile. Der nomadische Freiraum wird immer geringer. Die in sauberen, festen Häusern, noch dazu umgeben von Obstbäumen, wohnenden ehemaligen Nomaden mit einer geregelten, „sinnvollen" Beschäftigung entsprechen sicher mehr dem von uralten Vorurteilen geprägten Wunschdenken städtischer Technokraten als dem der Qashqai. Aus einer Vielzahl von Gründen haben die Iraner nie oder nur in Einzelfällen ein volles Verständnis für die nomadische Wanderweidewirtschaft, ihre optimale Anpassung an nur bedingt verfügbare Ressourcen und ihre spezielle, teilweise durch die physische und soziale Umwelt bedingte Stammesorganisation gefunden.

Gegen Mitte der 70er Jahre schien sich der soziale Wandel in den Stammesgebieten von Fars und Iran durch die Tätigkeit der Schulen, der iranischen Entwicklungskorps und einer Vielzahl von Behörden sowie den Einfluß der Städte immer mehr zu beschleunigen. Viele junge Stammesleute kehrten nach ihrer Militärdienstzeit nicht mehr zu ihren Stämmen zurück. — Im Rahmen der gesamten Reorganisation der Agrarwirtschaft durch das in Iran auch stark kritisierte Entwicklungspol-Projekt in jenen Jahren sollte es auch im viehwirtschaftlichen Bereich zu einer rationalisierten Konzentration nach dem Modell Qassemabad kommen. Damit gingen die Regierungsstellen in ihrer Stammespolitik wieder von dem lange gefolgten Laisserfaire-Prinzip ab: Im Januar 1974 wurde angekündigt, daß noch im iranischen Jahr 1974/75 500000 Nomaden an eigens für sie reservierten Örtlichkeiten angesiedelt werden sollten, um sie besser zu integrieren und die allerdings erst nach der Bodenreform teilweise bestehenden Einkommensunterschiede zwischen der nomadischen und seßhaften Landbevölkerung auszugleichen.

Ähnlich wie in Qassemabad sollten 50 „soziale und wirtschaftliche Zentren" mit je 2000 angesiedelten Familien (etwa 10000 Einwohner) in Fars, Kermanshahan, Kerman, Baluchestan, Azerbaidjan, Kurdestan, Luristan, Ilam, Poshtkuh, Chaharmahal und Bachtiyari, Boir Ahmadi und Kuhgiluyeh eingerichtet werden, allerdings ohne größere Schlachthöfe.

Damit wird im Grunde wieder eine alte Planungskonzeption der 50er Jahre belebt, die eine „Urbanisierung" als Form der Sedentarisation vorschlug. Die Ansiedlung soll, so wird versichert, weiterhin freiwillig vor sich gehen, aber man wird die Erfolge zum Ende des 5. Entwicklungsplanes nachprüfen müssen. Planungen bleiben in Iran oft nur auf dem Papier oder werden nur teilweise verwirklicht. Immerhin ist festzuhalten, daß die auch von Ethnologen, Anthropologen, Sozialwissenschaftlern, Agrarwissenschaftlern und auch Geographen, allerdings meist Ausländer, bevorzugten Wege zur notwendigen Weiterentwicklung des Nomadismus in Iran unter stärkerer Berücksichtigung ihrer soziokulturellen Eigenheiten und natürlichen Umwelt von iranischer Seite zwar teilweise aufgegriffen, aber nicht konsequent durchgeführt wurden. Diese Vorstellungen gehen mehr von einer schrittweisen Überführung der Vollnomaden zum Halbnomadismus und schließlich zur Wanderviehzucht von festen Ansiedlungen unter der Aufsicht von einigen mitziehenden Hirten aus („RanchSystem"). Wie im Feldbau könnte dabei der Genossenschaftsgedanke, der auch bei den Nomaden alte Wurzeln hat, auch bei einer sozioökonomischen Integration von großer Wichtigkeit sein.

Die Zeichen der Zeit stehen in Iran aber anders: Der rasche soziale Wandel und die gesamtwirtschaftliche, wenn auch sehr unausgewogene Entwicklung wird keine Reservate in den Stammesgebieten dulden. Es ist zu befürchten, daß der Nomadismus schon nach einer Generation nur noch in der Literatur oder in Museen zu studieren sein wird. Die ehemals so wichtige Lebensform- und Wirtschaftsgruppe der Nomaden wird aus dem sozialräumlichen Dreiklang Städter — Bauer und Nomade im Orient ausscheiden.

7. Zusammenfassung und Ausblick: Gegenwärtige Struktur- und Entwicklungsprobleme in den ländlichen Räumen Irans

Faßt man die zahlreichen Fakten, Daten und Zusammenhänge, die in den Fallstudien angesprochen wurden, abschließend merksatzartig zusammen, können folgende Hauptfragenkreise herausgestellt werden:

1. Konkrete Fakten und klar erarbeitete Sachzusammenhänge gaben an vier Beispielen nicht nur fundierte Sachkenntnisse, die gerade zur Beurteilung der vielschichtigen Problematik in Ländern der Dritten Welt erforderlich sind, sondern an einem kleinen Ausschnitt aus dem islamischen Orient eine tiefere Einsicht in die besonderen, hier wirksamen entwicklungshemmenden und entwicklungsfördernden Faktoren im Modernisierungsprozeß.
2. In der Regionalanalyse wurde deutlich, daß die Entwicklung im bäuerlich-seßhaften Bereich und beim Nomadismus in sich unausgewogen verläuft und zudem immer mehr durch die rasche Urbanisierung des städtischen Bereichs, der dritten großen sozialräumlichen Raumeinheit des Orients, geprägt wird. Nahezu alle Förderungsmaßnahmen kommen vom Staate oder der Stadt. Beide wirken als Auslöser und Träger des Modernisierungsprozesses gegenüber einem weitgehend rezeptiven und noch sehr traditionsgebundenen ländlich-nomadischen Umland.
3. Die Fallstudien liegen in einem regionalen Entwicklungspol des Landes mit einer 6000jährigen Agrar- und Bewässerungsgeschichte. Bodengüte, Stadtnähe, neuerdings durch einen modernen Mehrzweckdamm verbesserte Bewässerungsverhältnisse und eine in Ansätzen vorhandene Industrialisierung haben insgesamt zu einem deutlich gegenüber anderen Landes- und Provinzgegenden vorhandenen Entwicklungsvorsprung in Investitionen und Infrastruktur geführt, der eine Intensivierung der Landwirtschaft und erhöhte Mobilität der Bevölkerung (Landflucht) förderte.
4. Steuerndes Element und Hauptungunstfaktor nicht nur des agraren sondern auch sozialen Gefüges bleibt letztlich immer noch das Bewässerungsproblem. Neue Erschließungstechniken und Bewässerungsmethoden wirken sich zwar aus, beseitigen aber nicht den natürlichen Versorgungsengpaß.
5. Der Abschluß der iranischen Bodenreform 1971 brachte angesichts der noch bestehenden und durch Mechanisierung vergrößerten Übervölkerung des ländlichen Raumes und der in sich selbst stark sozial gegliederten Landbevölkerung bei allen Erfolgen und Einkommenssteigerungen der Minderheit der befreiten Kleinbauern keine durchgreifende Verbesserung der allgemeinen sozialen Lage im ländlichen Problemraum. Eine Bodenreform kann nur die Vorstufe für weitere agrarstrukturverbessernde Entwicklung sein.
6. Ein zentrales Problem bleibt die Hinwendung der Bodenreformbauern aus der Subsistenzwirtschaft zur marktorientierten Produktion, um den bodenrechtlich zwar reformierten, aber nun zu keinen größeren Investitionen mehr anreizenden Agrarsektor wieder in die Volkswirtschaft zu integrieren. Irans Agrarimporte steigen von Jahr zu Jahr, während der Beitrag der Landwirtschaft zum Bruttosozialprodukt ständig sinkt. Auf dieses Problem beziehen sich alle Fallstudien, sei es nun durch höhere in- oder ausländische Kapitalinvestitionen in Demonstrations- oder Musterbetrieben oder durch die Förderung des genossenschaftlichen bäuerlichen Zusammenschlusses, der wie in der landwirtschaftlichen Aktiengesellschaft Aryamehr mit der Quasi-Kollektivierung sogar die Erfolge der Bodenreform wieder in ihrer sozialpolitischen Perspektive in Frage stellt.
7. Die zuständigen Ministerien haben in vielen Teilen des Landes erhebliche Anstrengungen zur Agrarentwicklung unternommen und auch ansehnliche Erfolge vorzuweisen. Zuviel Kapital floß aber in andere lukrative Wirtschafts-

sektoren ab. Die nicht immer als gleichwertige Partner angesehene Bauernschicht muß mit den zu geringen Krediten auch dringende Lebensbedürfnisse befriedigen.
8. Die schwankende Agrarpolitik des Landes hat bisweilen zu Unsicherheit geführt. Bei einer sehr starken Inflationsrate stiegen die offiziellen Agrarpreise, etwa für Weizen, Baumwolle oder Rüben, nur wenig. Zudem gelang es aufgrund historischer Vorurteile und leider auch aufgrund wenig heilsamer Erfahrungen in mehreren Nomadenaufständen nicht, diesen althergebrachten und an die ökologisch marginalen Bedingungen gut angepaßten Wirtschaftszweig voll zu integrieren und zur Deckung der Lücken in der Fleischversorgung rechtzeitig auszubauen.
9. Das Vorhandensein von ehemals kriegerischen Nomadenstämmen, islamisches Stiftungsland, besondere Bewässerungstechniken und orientalischer Wirtschaftsgeist und Mentalität sind gewiß bestimmende kulturraumspezifische Faktoren, die eine Modernisierung verlangsamen können. Andererseits sind auch viele angesprochene Probleme, wie Genossenschaftswesen, Agrarkredit, landwirtschaftliche Ausbildung u. a. von durchaus genereller Bedeutung und können zumindest im Vergleich auf andere Räume übertragen werden.

Arbeitsaufgaben und Themen für Kurzreferate:

1. Welche Vorzüge und Nachteile hat nach Ihrer Meinung der Einsatz von Fallstudien als Arbeitsmittel im Unterricht?
2. Ziehen Sie das Fragenkreisheft Nr. 23512 heran und geben Sie kurze Berichte über die Voraussetzungen der Landwirtschaft in Iran und die Durchführung der Bodenreform!
3. Welche besondere Rolle spielt der in den Fallstudien untersuchte Raum für das gesamte Land?
4. Kennzeichnen Sie die physisch-geographischen Raumvoraussetzungen des Untersuchungsgebietes und arbeiten Sie einige Beziehungen heraus, in denen diese die soziale Struktur und Entwicklung beeinflussen! (Atlas!)
5. Mit welcher Begründung könnte man den Untersuchungsraum als besonderen Gunstraum bezeichen? (Atlas!)
6. Welche besonderen entwicklungshemmenden und entwicklungsfördernden Faktoren sind wirksam?
7. Charakterisieren Sie nach den in Tab. 1 gegebenen Auswahlmerkmalen die drei Bevölkerungsgruppen in Fars. Interpretieren Sie die Daten, auch durch Merkmalskoppelung! Welche Tendenzen erwarten Sie für die Entwicklung von 1968—1978? Begründen Sie ihr Ergebnis!
8. Erklären Sie die sich gegenwärtig zunehmend verstärkende Verstädterung des Landes aus der Struktur des ländlichen Raumes und neueren Entwicklungstendenzen in der Wirtschaftsentwicklung des Landes!
9. Angenommen, die laufenden Erdölprospektionen in Fars, u. a. auch durch deutsche Firmen (DEMINEX) im Gebiet südlich von Farrashband und Firuzabad, würden ausbeutungsfähige Vorkommen ergeben. — Welche sozioökonomische Folgen erwarten Sie für die Provinz Fars und den näheren Untersuchungsraum?
10. Welche Möglichkeiten ausländischer Entwicklungshilfe durch westliche Industrieländer im Agrarsektor halten Sie im Nahen Osten für sinnvoll? (Vergleichen Sie auch die Entwicklungsprojekte in Afghanistan, vgl. WIEBE, Fragenkreise Nr. 23510!)
11. Entwickeln Sie aus den Fallstudien ein graphisches Schaubild (Schema, Modell), das möglichst alle raumwirksamen Kräfte im Entwicklungsprozeß systematisch in Beziehung zueinander setzt!
12. Referieren Sie in Gruppenarbeit über die Hauptziele der 1962 mit der Bodenreform eingeleiteten „sozialen Revolution Irans" nach dem gleichnamigen Buch des Shahs. Nehmen Sie hierzu (12-Punkte-Programm) kritisch Stellung!
13. Stellen Sie die Bedeutung genossenschaftlichen Zusammenschlusses für die Entwicklung der Landwirtschaft aus den einzelnen Fallstudien zusammen. Welche Rolle könnten Genossenschaften in Zukunft spielen? Beschaffen Sie sich hierzu auch Material über die Entwicklung des Genossenschaftswesens in Deutschland (Raiffeisen-Verband, Landwirtschaftskammern u. a.)
14. Welche Bedeutung haben die Kreditvergabe und Ausbildung als Entwicklungsfaktoren?
15. Welche neuen Elemente lassen sich in der bisher aufgrund der alten Bodenbesitzverhältnisse meist unter dem Begriff „Rentenkapitalismus" umschriebenen Wechselbeziehung zwischen Stadt und Umland im Orient aus den Fallstudien erkennen?

16. Schon 1938 wurde in der ersten Industrialisierungsphase des Landes unter Shah Reza im Untersuchungsraum bei Marvdasht eine Zuckerfabrik auf Rübenbasis gegründet (vgl. hierzu auch Fragenkreis-Heft 23512, S. 13—15). Welche konkret nachweisbaren sozioökonomischen Auswirkungen hatte diese neue Intensivkultur auf die Untersuchungsbeispiele?
17. Welche Bedeutung messen Sie der traditionellen Teppichknüpferei im Untersuchungsraum bei? Warum?
18. Das Lehrgut Aliabad wurde bewußt nach dem Beispiel der deutschen Ackerbauschulen des 19. Jahrhunderts konzipiert. Läßt sich diese agrarwirtschaftliche und soziale Situation auf die Entwicklung Irans übertragen und anwenden?
19. Schildern Sie die Organisation einer Landwirtschaftlichen Aktiengesellschaft nach dem iranischen Modell. Vergleichen Sie diese Betriebsform mit ähnlichen großbetrieblichen Kooperativen bzw. Kollektiven (Kibbutz, Sowchose, LPG, Volkskommune, auch persische Agrarverfassung vor der Bodenreform). — Wie beurteilen Sie nach den Ihnen vorliegenden Informationen die LAGs als angemessenen Weg zur Lösung der vielschichtigen Agrarprobleme des Landes?
20. Wie würde sich die Umwandlung des Dorfes Zangiabad in eine LAG auf die Wirtschafts- und Sozialstruktur des Dorfes auswirken?
21. Welche sozioökonomische Differenzierung ergibt sich nach den Fallstudien für den Untersuchungsraum? Welche Zukunftsperspektiven sehen Sie für die einzelnen Gruppen?
22. Wie würde sich eine Verdoppelung der Preise für Weizen, Reis, Zuckerrüben oder von einzelnen Posten der Produktionskosten auf die wirtschaftliche Situation eines Durchschnittsbetriebes in Zangiabad auswirken (Tab. 2 und 3)? Welche Einkommenssteigerungen würden sich rechnerisch durch die Beseitigung der Brache oder durch Ausschaltung des Versorgungsengpasses bei Bewässerungswasser ergeben? (Arbeiten Sie mit den in Tab. 2 und 3 gegebenen Daten von 1968, verdoppelten Verkaufspreisen und durchschnittlich verfünffachten Sachausgaben!)
23. Erläutern Sie nach Abb. 1 und Tab. 1 die gewandelte Bedeutung der Qashqai-Nomaden und ihre Rolle gegenüber der seßhaften Stadt- und Landbevölkerung!
24. Welche entwicklungshemmenden Faktoren haben Ihrer Meinung nach eine theoretisch durchaus denkbare Modernisierung im Bereich der traditionellen nomadischen Weidewirtschaft weitgehend verhindert?
25. Referieren Sie über Probleme des Nomadismus im Orient allgemein und ordnen Sie das Beispiel der Qashqai ein! (Literatur: Aufsatz von E. WIRTH in Geograph. Rundschau 1969, S. 41—51.)
26. Informieren Sie sich näher über die Landwirtschaftliche Aktiengesellschaft Aryamehr (PLANCK 1974, SHOWKATFARD 1972) und vergleichen Sie die sozioökonomische Entwicklung mit der von Zangiabad!

Literaturverzeichnis

(weitere Literaturhinweise in Fragenkreisheft 23512)

Ajamie, I.: Social Classes, Family Demography, Characteristics and Mobility in Three Iranian Villages. in: Sociologia Ruralis 9, 1969, S. 62—72.

Amini, S.: Der Agrarkredit im Iran. Ergebnisse empirischer Untersuchungen in südiranischen Dörfern. Diss. Hohenheim 1973.

Barth, F.: The Land Use Patterns of Migratory Tribes of South Perisia. In: Norsk Geogr. Tidsskrift 1960, S. 1—10.

Ders.: Nomads of South Persia. The Basseri Tribe of the Khamseh Confederacy. Oslo 1964.

Bidarmaghz, S.: Steigerung und Rationalisierung der Agrarproduktion im Iran mit Hilfe kooperativer Maßnahmen, dargestellt am Beispiel der Region Ramdjerd/Fars. Diss. Gießen 1970.

Bobek, H.: Soziale Raumbildungen am Beispiel des Vorderen Orients. In: Deutscher Geographentag München, Landshut 1951, S. 193—207.

Ders.: Iran. Probleme eines unterentwickelten Landes alter Kultur. (Themen zur Geographie und Gemeinschaftskunde), Frankfurt/M., Berlin, München, 3. verb. Auflage 1967.

Clarke, J. L.: The Iranian City of Shiraz. Departm. of Geography, Univ. of Durham, Research Paper Series 7, Durham 1963.

Denman, D. R.: The King's Vista. A Land Reform which has changed the Face of Persia. Berkhamsted 1973.

Demorgny, M. G.: Les Réformes Administratives en Perse. Les Tribus du Fârs. In: Rev. du Monde Musulman XXII, 1913, S. 83—150.

Dreskornfeld, F.: Agrarstrukturwandel und Agrarreform in Iran. (Sozioökonomische Schriften zur Agrarentwicklung 16), Saarbrücken 1976.

Ehlers, E.: Traditionelle und moderne Formen der Landwirtschaft in Iran. Marburger Geograph. Schriften 64, Marburg 1975.

Ehmann, D.: Bakhtiyaren — Persische Bergnomaden im Wandel der Zeit. TAVO-Beihefte Reihe B, Nr. 15, Wiesbaden 1975.